러시아 지정학

아틀라스

러시아 지정학 아틀라스

초판 1쇄 발행 2023년 3월 24일
초판 2쇄 발행 2023년 6월 10일

책임저자   델핀 파팽
옮긴이   권지현
펴낸이   이영선
책임편집   김선정

편집   이일규 김선정 김문정 김종훈 이민재 김영아 이현정 차소영
디자인   김회량 위수연
독자본부   김일신 정혜영 김연수 김민수 박정래 손미경 김동욱

펴낸곳 서해문집 | 출판등록 1989년 3월 16일(제406-2005-000047호)
주소 경기도 파주시 광인사길 217(파주출판도시)
전화 (031)955-7470 | 팩스 (031)955-7469
홈페이지 www.booksea.co.kr | 이메일 shmj21@hanmail.net

ISBN 979-11-92988-03-0 03340

러시아 지정학

아틀라스

델핀 파팽 책임 저자
권지현 옮김

Le Monde 서해문집

"러시아는 역사의 복수를 꿈꿨지만 홀로 고립된 채 경제 붕괴의 위기를 맞았다. 그 정상에 신랄한 언행을 서슴지 않고 쓰라린 회한에 가득 찬 인물이 있다. 러시아는 의자 밑에 놓아둔 폭탄 같다. 그 도화선의 길이가 얼마나 되는지는 아무도 모른다."

피오트르 스몰라르, 《르몽드》 워싱턴 통신원

블라디미르 푸틴이
러시아를 세계의 중심에
다시 세울 때

제2차 세계대전이 끝난 뒤 반세기 동안 국제관계는 동서 진영의 대결 양상을 띠었다. 양 진영의 분단선은 주로 유럽에 있었다. 철의 장막은 소련이 붕괴할 때까지 세계 지도를 난도질했다. 21세기 초, 특히 2001년 9·11 사태 이후 지정학의 새로운 시대가 열렸다. 지구의 중심은 서아시아로 옮겨갔고, 서아시아는 이슬람 과격주의가 자행하는 테러를 응징하려는 전쟁의 무대가 되었다. 서방 사회의 위험은 더는 공산 진영에서 오지 않았다.

그로부터 10년이 지난 뒤, 중국의 경제성장이 가속화되면서 그 영향력이 국경을 넘어서자 미국은 다시 아시아로 세력을 펼치기 시작했다. 그렇게 중국은 지구본을 돌려 세계 지도의 중심을 유럽이 아닌 태평양으로 옮겨놓았다. 경제의 가장자리로 조용히 물러난 유럽은 지도의 가장자리로도 물러났다.

2022년 2월 24일 새벽, 러시아의 우크라이나 침공은 이러한 세계 질서를 무너뜨리고 러시아와 유럽을 다시 지도의 중심에 놓았다. 물론 블라디미르 푸틴의 러시아는 막강했던 소련에 비하면

새 발의 피다. 러시아는 지도상으로도 줄어들었고, 세계 인구가 증가하는 가운데 인구 위기로도 세력이 약해졌다. 그러나 힘의 역학 관계에서는 여전히 가공할 군사력을 보유하고 있다. 게다가 러시아는 새로운 무기를 내세우고 있다. 상호의존적인 세계 경제에 꼭 필요한 원자재인 에너지다. 국제법을 무시하고 미국의 팽창주의에 대한 견제라는 명분으로 우크라이나를 침공한 러시아는 갑자기 외교 게임을 들고 나왔다. 그것은 자유주의 체제의 민주주의 국가와 독재 국가가 충돌하는 대립의 논리, 바로 냉전의 유산이다. 푸틴은 국경의 정의(定義)라는 가장 민감한 지정학적 문제도 들고 나왔다. 따라서 또다시 지도를 펼치지 않고는 새로운 역학 관계를 이해하기 어려운 상황이 펼쳐지고 있다.

나토의 파란색 깃발이 대대적인 복귀를 했고, 공산주의의 붉은색 깃발이 노란색을 띠는 짙은 붉은색으로 변한 것은 소련이 죽었음을 의미했다. 그러나 러시아는 언제나 서방의 역모델이 되고자 했다.

《르몽드》에서 일하는 17명의 인포그래피스트와 지도 제작자는 그들의 방식으로, 그들의 도구를 가지고, 새로운 지정학적 순간을 이야기하는 데 매달렸다. 어떤 국경은 검은 선으로 짙게 강조되었고, 또 어떤 국경은 아예 지워지기도 했다. 도시를 얼룩지게 한 붉은

점은 공습의 여파를 나타낸다. 양국의 공격과 반격을 나타내는 유색 화살표는 군대의 진격 속도에 맞춰 하천의 구불구불한 곡선과 만난다. 우리는 프랑스 국립도서관의 서랍에서 1870년 전쟁 지도를 꺼내어 당시 군대의 진격을 보여주는 지도에서 영감을 받았다. 육상전, 영토 확보를 위한 전쟁을 지도로 만드는 것은 드론으로 내려다보는 전쟁을 얘기하는 것과는 다르다.

영토를 차지하기 위한 갈등 관계를 연구하는 지정학적 접근은 지도와 인포그래픽을 설명하는 짧은 해설문을 달아야겠다는 생각을 갖게 했다. 우리의 지도는 통계 데이터만 근간으로 한 것이 아니라 주체들의 인식, 그들의 표상, 그들의 행동 논리를 이야기한다. 분쟁에서 주체성을 고려하면 분쟁의 복잡한 성격을 반영하게 해준다. 따라서 우리가 양적인 지도에 머무는 것이 아니라, 푸틴과 같은 주체가 자신의 이야기와 이웃들의 이야기를 해석하는 방식을 고려하게 해준다.

우크라이나 전쟁은 지도 제작자인 우리가 치열한 전쟁을 따라가는 방식에 대전환을 가능하게 했다. 그 이유는 무엇일까? 인터넷이 정상적으로 작동했기 때문이다. 우리는 다량의 디지털 데이터에 기댈 수 있었고, 그 어느 때보다 상세하게 전쟁의 순간을 담을 수 있었다.

이 아틀라스가 풍부해질 수 있었던 것은 《르몽드》편집국의 기자들과 협력했기 때문이다. 그들 중 브누아 비트킨과 같은 모스크바 통신원, 그의 전임이었던 피오트르 스몰라르와 이자벨 망드로가 있다. 실비 코프만, 알랭 프라숑 같은 뛰어난 분석가, 그리고 제롬 고트레, 토마 비데르 같은 역사 문제 전문가들의 공도 크다.

2016년에 러시아 지리학협회의 한 행사에서 푸틴은 그의 냉소적인 유머를 발산하며 이렇게 말했다. "러시아의 국경은 끝이 없습니다." 이 아틀라스에 나온 백여 개의 지도와 인포그래픽을 보면 그의 짧은 말이 아예 근거가 없지는 않다는 점을 깨달을 것이다.

델핀 파팽

차례

PARTIE 1

러시아,
제국의 후손

소련의 후신인 러시아는 차르가 지배했던
제국의 유산, 정통주의, 그리고 자원이 풍부한
거대한 영토를 바탕으로 힘을 키웠다. 그러나
인구 감소와 지구 온난화로 인해 러시아의
야망은 약해지고 있다.

러시아가 소련이었을 때 세계의 일부를 지배한 적이 있었다. 그때가 바로 냉전 시대다. 미국과 소련이라는 두 강대국은 상대방의 영향력을 견제하기 위해 대립했다. 소련이 1991년 붕괴하자 러시아는 소련이 보유했던 힘을 물려받는 필연적인 후계자가 되었다. '영웅의 도시' 모스크바를 계속 수도로 삼았고, 애국가인 <소련 찬가>도 그대로 유지했다. 독립 국가가 된 우크라이나, 벨라루스, 카자흐스탄에 흩어져 있던 핵탄두를 거둬들였고, 국제연합 안전보장이사회의 상임이사국 지위도 유지했다.

푸틴은 지난 22년 동안 이 새로운 러시아를 독재 통치했다. 그는 강대국 러시아에 어떤 변화를 일으켰나? 스스로 소비에트 연방의 '위대함'을 복원할 생각밖에 없다고 말한 푸틴에 대한 평가는 재앙 수준이다. 그가 러시아의 쇠퇴에 관여하지 않은 분야가 없다. 예외가 있다면 그것은 군비다. 군비 확장 덕분에 그는 2022년 2월 24일 우크라이나를 침공할 수 있었다. 이웃 국가를 자기 편으로 끌어들일 수 없게 되자 아예 굴복시키려는 속셈이다.

2022년 2월 중순 우크라이나 국경의 긴장 상태가 고조되는 가운데 열린 뮌헨안보회의 기간 중 한 유럽 지도자는 러시아가 "핵미사일을 보유한 주유소"라고 비아냥거렸다. 석유와 군사력. 10여 년의 경제 혼란이 끝날 무렵 보리스 옐친의 뒤를 이은 푸틴이 기댄 것이 바로 말 그대로 이 '하드 파워'다. 푸틴은 집권 초기에 질서를 바로잡고 국가 경제를 정상화했다. 이 과정에서 그는 미하일 고르바초프와 보리스 옐친이 개방한 자유의 공간을 서서히 닫아걸었다.

2008년 첫 사건

그러나 상황은 급변했다. 2008년 세계 경제위기의 충격이 푸틴의 첫 침공과 때를 같이했다. 바로 조지아 침공이다. 구소련의 일부였던 조지아 침공으로 푸틴은 소련에서 물려받은 공군과 군비가 얼마나 열악한 상태인지 확인했다. 그래서 군대 현대화에 막대한 자산을 쏟아부었다. 강력한 군대를 재건하는 것이 그 무엇보다 중요했기 때문이다. 러시아의 위대함 회복에 대한 광적인 집착과 이를 추구하는 데 바탕이 된 푸틴의 정치적 논리 앞에 자유, 경제, 사회, 민생, 혁신, 문화 등 모든 것은 희생되었다. 러시아의 수반이 된 푸틴의 정치는 한때 같은 민족이라고 주장했던 사람들을 상대로 전쟁을 벌일 수밖에 없게 된 러시아를 오래도록 나락으로 떨어뜨렸다고 평가받는다.

천연자원이 풍부한 러시아의 경제는 1억 4000만 인구를 풍족하게 먹여 살리고도 남을 규모였다. 그러나 불안한 운영, 집권층의 부패와 탐욕, 러시아의 무모함을 악화시킨 경제 제재로 러시아 경제는 맡은 소임을 다하지 못했다. 청렴하고 뛰어난 경제 전문가들은 권력에서 배제되었고, 경제 다양화는 거론조차 되지 않았다. 지속적인 경제 후퇴의 상징이 된 루블화는 지난 20년 동안 강세를 보인 적이 없다. 푸틴이 집권했을 당시 1루블은 3.5센트였다. 2000년에서 2014년까지 석유 가격은 6배나 뛰었지만 루블화의 가치는 15퍼센트나 떨어졌다. 2018년 1루블은 1.7센트에 불과했다.

석유와 군사력은
옐친의 뒤를 이은 푸틴이
기댄 두 개의 축이다.

푸틴은 제재의 피해를 최소화하기 위해 자급경제를 추구했다. 달러 보유액을 6400억 달러 규모로 유지하고 부채 비율(GDP의 20퍼센트)도 세계 최저 수준으로 낮춰 '러시아 철옹성'을 구축한 것이다. 특히 보건, 교육, 기반시설에 들어가는 지출을 낭비하지 말 것! 그 결과 현재 러시아의 가계소득은 2014년 수준보다 줄어들었고, 남성의 기대수명은 67세에 머문다. 필립 노보크메트, 토마 피케티, 가브리엘 쥐크만이 2018년 수행한 연구는 러시아의 불평등 수준이 중국보다 높다고 밝혔다. 러시아 신흥 재벌들이 해외에 보유한 자산 규모는 러시아 국민 전체의 자산 규모와 동일하다. 이것이 왜 신흥 재벌들의 충성심이 변하지 않는지 보여주는 증거다. 러시아는 뛰어난 과학자도 많이 배출했지만 더는 혁신 국가의 반열에 들지 않는다. 푸틴은 연구에 예산을 투입하겠다던 약속을 지키지 않았다. 2020년 세계 일류 대학 100위 안에 5개 대학을 포함시키겠다고 했던 약속도 마찬가지 신세다. 현재 순위 안에 러시아 대학은 찾아볼 수 없다. 가장 최근 노벨 물리학상을 받았던 두 러시아 과학자 안드레 가임과 콘스탄틴 노보셀로프는 2010년 맨체스터대학교에서 수행했던 연구로 상을 받은 것이었다. 가임은 네덜란드로 귀화했고, 노보셀로프는 영국인이 되었다.

러시아는 세계에서 최초로 인공위성을 띄우고 인간을 우주로 보낸 나라였다. 한때 우주 정복의 선두에 다시 나서서 국제우주정거장도 개발했다. 그러나 현재 러시아의 우주 산업은 고전을 면치 못한다. 우주로 나가려면 중국에 기댈 수밖에 없다. 러시아의 추락은 연극에도 영향을 미쳤다. 극예술에서 높은 위상을 차지하던 러시아 연극은 현재 창의성 부족으로 애를 먹고 있다. 1990년대 누렸던 전성기가 지난 뒤 젊은 세대가 그 뒤를 잇지 못했다. 프랑스의 연극제인 아비뇽 페스티벌은 2022년 아비뇽 교황청 안뜰에서 러시아의 연출가 키릴 세레브렌니코프의 공연을 올렸지만, 세레브렌니코프는 사실 모스크바가 아니라 함부르크에서 희곡을 완성했다.

러시아 고립의 원인이자 상징이 된 푸틴은 크렘린궁에 머물며 사람들을 거의 만나지 않는다. 접견 시에도 손님이 반경 20미터 안으로 들어올 수 없다. 푸틴의 자존심이었던 코로나 백신 '스푸트니크 5호'가 실패했다는 명백한 증거다. 한편 우크라이나에 별똥별처럼 떨어지는 미사일들은 분노에 휩싸인 무능력한 체제를 보여준다. 결국 신흥 재벌과 용병은 러시아의 가장 딱한 수출 품목이 되었다.

실비 코프만

노브고로드 루스에서 소비에트 연방까지 : 제국 만들기

슬라브 민족이 국가를 형성하기 시작한 시기는 9세기지만 러시아 영토가 본격적으로 확장하기 시작한 때는
모스크바 대공국의 드미트리 돈스코이 대공이 킵차크 칸국 군대를 크게 물리친 1380년이다.

노브고로드 루스(9~13세기)
12세기 키이우 루스의 영토

860년 무렵 바랑기아 출신의 류리크 공작이
노브고로드 루스를 잇는 키이우 루스를 세운다.
키이우 루스는 882년에 키이우를 수도로 삼은
슬라브족 국가다. 988년 블라디미르 1세가
기독교로 개종했고, 발트해에서 흑해에
이르는 지역을 장악했다. 13세기에
키이우 루스는 몽골족의 침략을
견디지 못하고 무너졌다. 1242년
알렉산드르 넵스키가 스웨덴과
튜턴 기사단의 영토 침입을
저지했다. 그는 1252년
부터 사망한 해인
1263년까지
노브고로드
대공으로 지냈다.

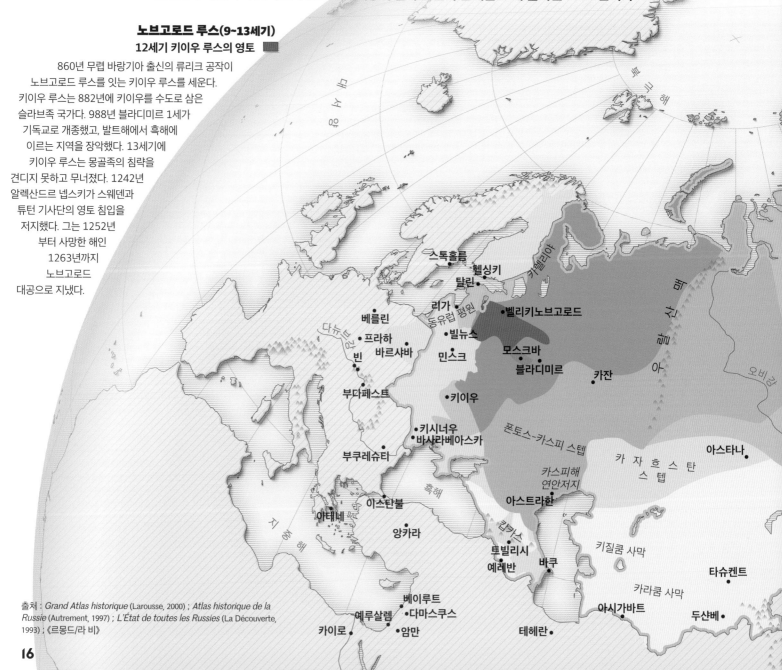

출처 : *Grand Atlas historique* (Larousse, 2000) ; *Atlas historique de la
Russie* (Autrement, 1997) ; *L'État de toutes les Russies* (La Découverte,
1993) ; 《르몽드/라 비》

모스크바 대공국에서 러시아 차르국까지(14~17세기)

▨ 1300년경 모스크바 대공국의 영토

▩ 이반 4세 통치 초기인 1533년 모스크바 대공국의 영토

킵차크 칸국에게 모스크바 대공국, 블라디미르 대공국, 러시아 전체의 수장으로 인정받은 이반 1세(1325~1341년 재위)는 대주교를 모스크바에 두는 등 동방 정교회와 관계를 돈독히 했다. 모스크바 대공국은 1380년 몽골 제국의 후신인 킵차크 칸국을 상대로 한 전쟁에서 큰 승리를 거두었고, 이반 3세(1492~1505년 재위)는 킵차크 칸국의 지배에서 벗어나 영토를 확장했다. 1574년 그의 후계자이며 '뇌제'라는 별명을 가진 이반 4세는 차르가 되어 타타르족의 영토인 카잔과 아스트라한을 정복했다. 그러나 황위 계승을 두고 다툼이 일어나면서 '동란 시대'(1598~1613년)가 이어졌고, 스웨덴과 폴란드의 침입도 일어났다.

로마노프 왕조(1613~1917년)

▤ 1618년의 제정 러시아 영토

▥ 1725년까지 확장된 영토

▦ 1815년까지 확장된 영토

☐ 19세기 말까지 확장된 영토

1613년 차르 미하일 1세가 새로운 왕조를 세웠고, 이후 그의 후계자들이 러시아의 영토 확장을 완성했다. 표트르 1세(1672~1725년)는 스웨덴과 벌인 전쟁에서 승리를 거둔 뒤 발트 지방을 근거지로 삼았으며, 1712년에 상트페테르부르크로 수도를 옮겼다. 예카테리나 2세(1762~1796년 재위)는 영토를 흑해와 캅카스 지역까지 확장했고, 폴란드 분할(1772년, 1793년, 1795년)과 핀란드 합병(1809년)으로 서쪽으로도 뻗어나갔다. 19세기에 제정 러시아는 캅카스 지역과, 1867년 투르키스탄의 등장으로 중앙아시아까지 세력을 떨쳤다. 1860년 블라디보스토크를 만들면서 극동 정복과 동해 접근이 완성되었다. 제정 러시아는 마지막 황제인 니콜라이 2세의 통치 시절 전성기를 맞았다 (1894~1917년 재위).

소비에트 연방(1917~1991년)

▬ 1991년 소비에트 사회주의 공화국 연방의 국경선

소련은 1922년에 탄생했다. 이때 영토는 서쪽인 핀란드, 발트 3국, 벨라루스 일부, 우크라이나, 베사라비아 지역이 잘린 상태였다. 국민의 목숨을 걸고 나치주의에 대항했던 대조국전쟁 이후 소련은 다시 서쪽의 발트 3국, 폴란드, 동프로이센 (오늘날의 칼리닌그라드), 체코슬로바키아 (루테니아 지역), 루마니아(몰도바)로 영토를 확장해 보루로 삼았다. 동쪽으로는 쿠릴 열도와 사할린섬 남부를 합병했다.

알래스카

시베리아

레나 강

사할린섬

스타노보이 산맥

만주 대평원

사얀산맥

울란바토르

몽골 고원

알타이산맥

베이징

우루무치

톈산산맥

철의 장막 붕괴와 소련 영토의 해체

1989년 11월 9일, 독일의 베를린 장벽이 무너졌다. 이는 공산주의 진영과 유럽의 분열이 종식
되었음을 상징하는 사건이었다. 이 역사적 사건으로 1990년부터 소련은 해체되기 시작했다.

출처 : C. Grataloup, P. Boucheron, *Atlas historique mondial*
(Les Arènes/L'Histoire, 2019) ; 디플로웹

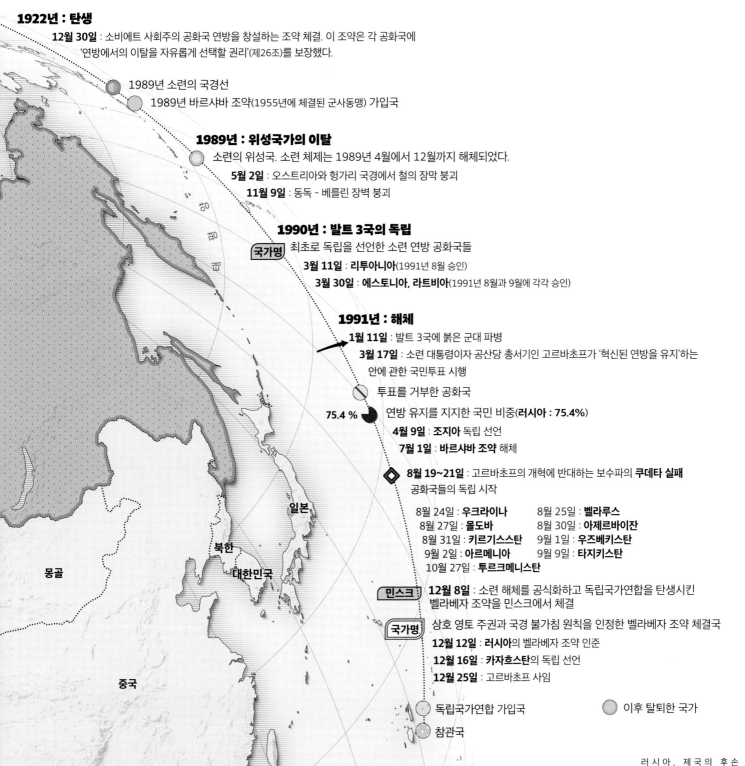

1922년 : 탄생

12월 30일 : 소비에트 사회주의 공화국 연방을 창설하는 조약 체결. 이 조약은 각 공화국에 '연방에서의 이탈을 자유롭게 선택할 권리'(제26조)를 보장했다.

1989년 소련의 국경선

1989년 바르샤바 조약(1955년에 체결된 군사동맹) 가입국

1989년 : 위성국가의 이탈

소련의 위성국. 소련 체제는 1989년 4월에서 12월까지 해체되었다.

5월 2일 : 오스트리아와 헝가리 국경에서 철의 장막 붕괴

11월 9일 : 동독 - 베를린 장벽 붕괴

1990년 : 발트 3국의 독립

국가명 최초로 독립을 선언한 소련 연방 공화국들

3월 11일 : **리투아니아**(1991년 8월 승인)

3월 30일 : **에스토니아, 라트비아**(1991년 8월과 9월에 각각 승인)

1991년 : 해체

1월 11일 : 발트 3국에 붉은 군대 파병

3월 17일 : 소련 대통령이자 공산당 총서기인 고르바초프가 '혁신된 연방을 유지'하는 안에 관한 국민투표 시행

투표를 거부한 공화국

75.4 % 연방 유지를 지지한 국민 비중(**러시아 : 75.4%**)

4월 9일 : **조지아** 독립 선언

7월 1일 : **바르샤바 조약** 해체

8월 19~21일 : 고르바초프의 개혁에 반대하는 보수파의 **쿠데타 실패** 공화국들의 독립 시작

8월 24일 : **우크라이나**	**8월 25일** : **벨라루스**
8월 27일 : **몰도바**	**8월 30일** : **아제르바이잔**
8월 31일 : **키르기스스탄**	**9월 1일** : **우즈베키스탄**
9월 2일 : **아르메니아**	**9월 9일** : **타지키스탄**
10월 27일 : **투르크메니스탄**	

민스크 **12월 8일** : 소련 해체를 공식화하고 독립국가연합을 탄생시킨 벨라베자 조약을 민스크에서 체결

국가명 상호 영토 주권과 국경 불가침 원칙을 인정한 벨라베자 조약 체결국

12월 12일 : **러시아**의 벨라베자 조약 인준

12월 16일 : **카자흐스탄**의 독립 선언

12월 25일 : 고르바초프 사임

독립국가연합 가입국

이후 탈퇴한 국가

참관국

몽골

중국

일본

북한

대한민국

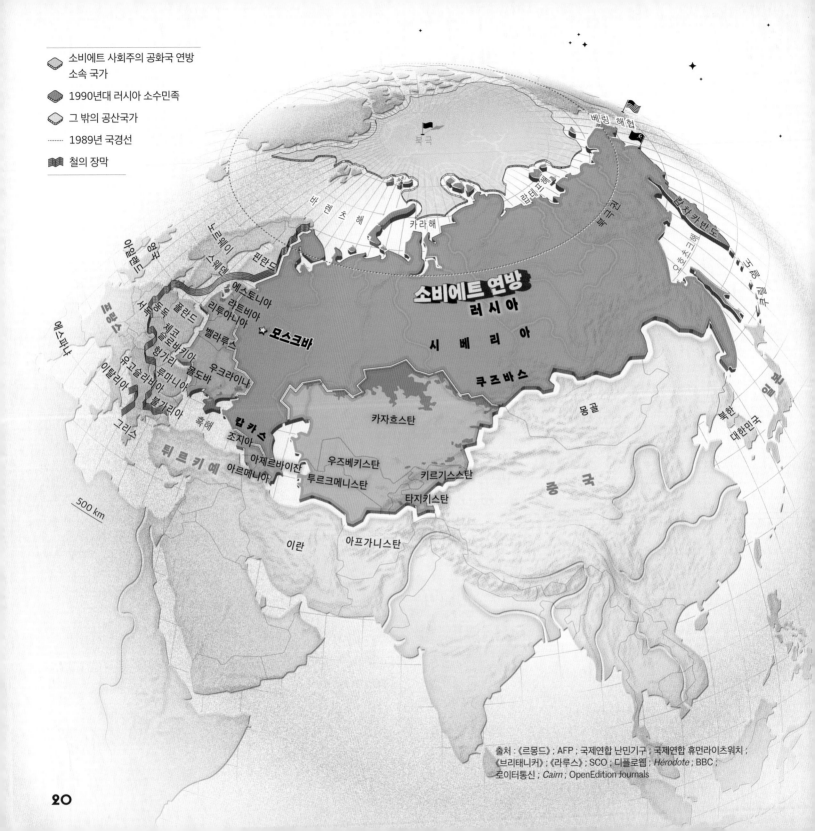

소비에트 사회주의 공화국 연방 소속 국가
1990년대 러시아 소수민족
그 밖의 공산국가
1989년 국경선
철의 장막

소비에트 연방
러시아
시베리아
쿠즈바스
모스크바

북극

베링 해협

바렌츠 해
카라해

노르웨이
스웨덴
핀란드
에스토니아
라트비아
리투아니아
벨라루스
우크라이나
몰도바
루마니아
불가리아
흑해
조지아
아제르바이잔
아르메니아
투르크메니스탄
우즈베키스탄
카자흐스탄
키르기스스탄
타지키스탄

캅카스

영국
아일랜드
덴마크
폴란드
독일
체코슬로바키아
헝가리
유고슬라비아
이탈리아
그리스
에스파냐
튀르키예

이란
아프가니스탄

몽골
중국
북한
대한민국
일본

500 km

출처 : 《르몽드》 ; AFP ; 국제연합 난민기구 ; 국제연합 휴먼라이츠워치 ; 《브리태니커》 ; 《라루스》 ; SCO ; 디플로웹 ; Hérodote ; BBC ; 로이터통신 ; Cairn ; OpenEdition Journals

소련 붕괴가 일으킨 충격파

1991년 12월 25일 소비에트 연방의 공식 사망 선고가 내려졌고, 바로 그 순간에 1922년부터
세계에서 유례가 없는 공간에서 연방을 조직했던 15개 공화국이 독립했다. 이러한 지정학적 변화는
여러 곳에서 긴장과 분쟁을 낳았고, 그 여파가 오늘날까지도 미치고 있다.

1985년 소련 공산당 총서기에 임명되었던 미하일 고르바초프는 1990년부터 1991년까지 비선출직 대통령직을 짧게 맡은 뒤 자리에서 물러났다. 이 두 해에 공산당도 권력 행사를 멈추었고 이후 해체되었다.

각종 자료, 특히 고르바초프재단의 자료를 보면 서방에서는 소련 붕괴를 예측한 사람도 없었고 그것을 바란 사람은 더더구나 없었다. 공산 진영인 동유럽 국가들의 해방은 받아들여졌고 더 나아가 장려되었지만, 지구상에 남아 있던 마지막 제국의 해체는 그렇지 않았다. 2005년 푸틴이 "20세기 최악의 지정학적 재앙"이라고 언급하기 훨씬 이전에, 프랑수아 미테랑 전 프랑스 대통령이 1991년 10월 고르바초프에게 소련의 해체를 "프랑스의 이익에 반하는 역사적 재앙"이라고 말하지 않았던가.

해체 이후의 전쟁들

서방은 소비에트 연방 영토 곳곳에 흩어져 있는 핵무기 전체를 거둬들여야 하는 책임을 새 대통령인 보리스 옐친에게 떠맡기고 더는 이곳에 관심을 두지 않았다. 냉전은 끝났고, 새로운 세계 질서가 태동하고 있었다. 서방의 관심은 이슬람 과격주의의 출현, 서아시아에서 일어나고 있는 정권 추락 등 금세 다른 곳으로 쏠렸다. 그러나 제정 러시아 황제들이 어렵게 정복했던 캅카스를 중심으로 소련 붕괴 이후 전쟁과 분쟁이 곧바로 이어졌고 지금까지도 계속되고 있다.

체첸의 독립을 향한 의지는 유혈 진압되었고, 2005년 러시아가 람잔 카디로프를 내세워 공포정치를 시행하면서 결국 독립 의지는 꺾이고 말았다. 1988년에 아르메니아와 아제르바이잔이 나고르노카라바흐 지역을 두고 벌인 참혹한 전쟁은 2020년 가을에 재개되었고 그 강도는 극심해졌다.

러시아와 2008년 전격전을 벌였던 조지아는 영토의 20퍼센트를 잃었고, 러시아의 지원을 받은 압하지야와 남오세티야는 독립을 선언했다(지금까지도 국제사회는 이를 인정하지 않는다). 2014년에는 러시아가 크림반도를 합병했고, 우크라이나 동부에 있는 돈바스에서는 키이우의 군대와 러시아가 지지하는 친러파 반군의 무력 충돌이 일어났다. 이는 러시아와 우크라이나의 긴장 관계가 한층 악화하는 계기가 되었다. 2022년 2월 24일 러시아가 우크라이나를 침공한 것은 갈등 악화의 결과였다. 소련 붕괴 30년 뒤에 일어난 일이다.

충격파

고르바초프의 고문이었던 안드레이 그라체프는 이러한 분쟁들을 "이데올로기로 포장해 유예를 받았던 유일한 제국이자 최후의 제국이 사라진 뒤의 충격파"라고 평했다. 2019년 《르몽드》와의 인터뷰에 응했던 러시아 전문가 안드레이 코르투노프도 "소련은 자멸하기 시작했을 뿐"이라고 말했다.

공산주의 이데올로기가 이제 더는 먹혀들지 않지만, KGB(국가보안위원회) 교육을 받은 푸틴은 우크라이나 독립을 여전히 부인한다. 그가 몇 번이나 반복해서 말했듯이 우크라이나를 국가로 인정하지 않는다. 그것은 벨라루스에 대해서도 마찬가지다. 푸틴은 알렉산드로 루카셴코의 독재 정권을 지지한다. 소련 붕괴 30년이 지난 올겨울, 러시아 군대가 유럽의 동부 전선을 다시 넘으면서 서방은 유럽 전역의 안보를 재고해야 하는 상황에 놓였다.

이자벨 망드로

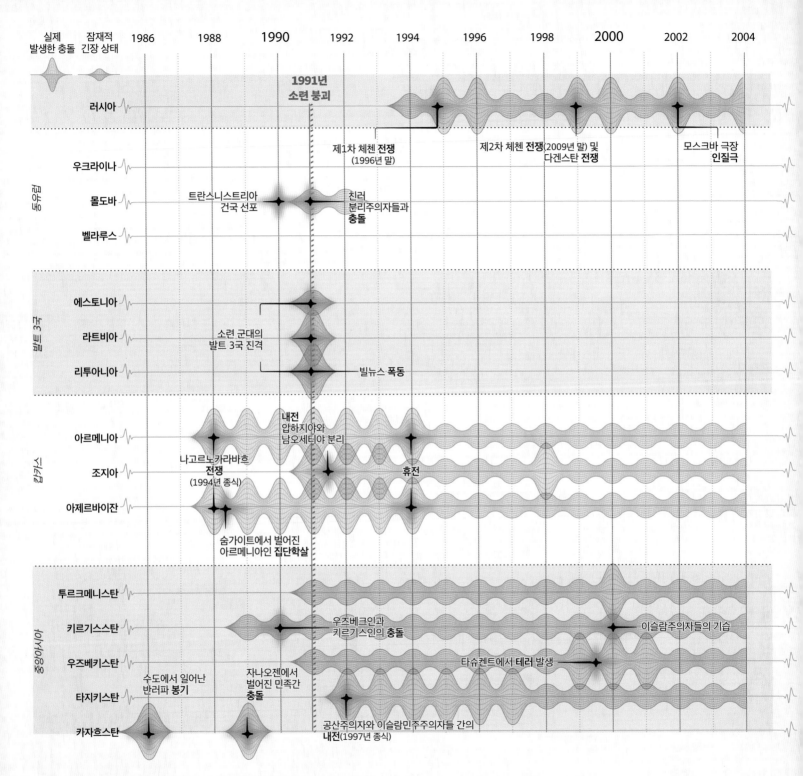

실제 발생한 충돌 잠재적 긴장 상태

1986 1988 **1990** 1992 1994 1996 1998 **2000** 2002 2004

러시아

1991년 소련 붕괴

제1차 체첸 **전쟁**
(1996년 말)

제2차 체첸 **전쟁**(2009년 말) 및
다겐스탄 **전쟁**

모스크바 극장
인질극

동유럽

우크라이나

몰도바

트란스니스트리아
건국 선포

친러
분리주의자들과
충돌

벨라루스

발트 3국

에스토니아

라트비아

소련 군대의
발트 3국 진격

리투아니아

빌뉴스 **폭동**

캅카스

아르메니아

조지아

아제르바이잔

내전
압하지야와
남오세티야 분리

나고르노카라바흐
전쟁
(1994년 종식)

휴전

숨가이트에서 벌어진
아르메니아인 **집단학살**

중앙아시아

투르크메니스탄

키르기스스탄

우즈베키스탄

타지키스탄

카자흐스탄

우즈베크인과
키르기스인의 **충돌**

이슬람주의자들의 기습

타슈켄트에서 **테러** 발생

자나오젠에서
벌어진 민족간
충돌

수도에서 일어난
반러파 봉기

공산주의자와 이슬람민주주의자들 간의
내전(1997년 종식)

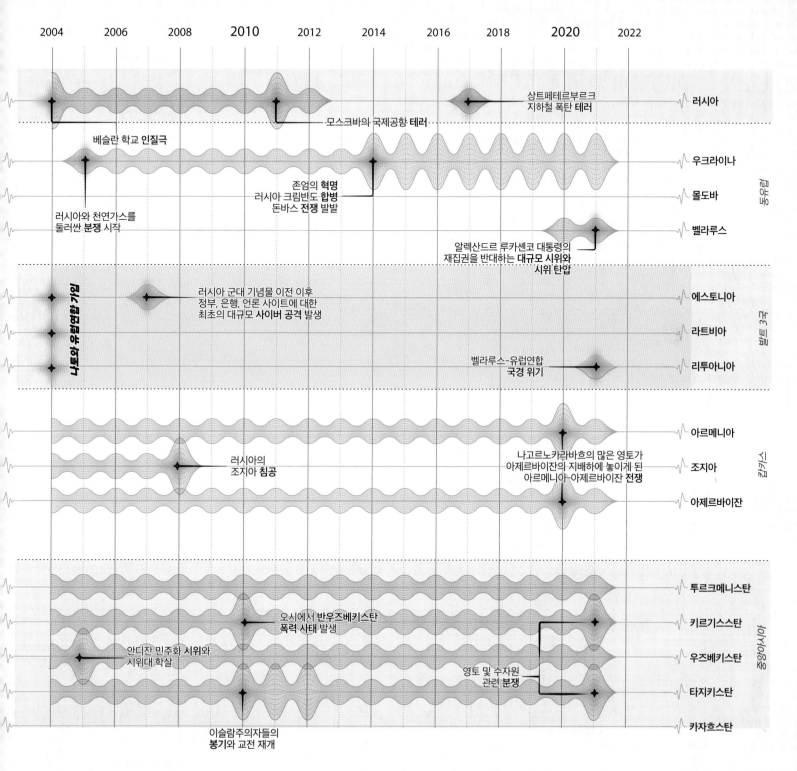

2004 2006 2008 **2010** 2012 2014 2016 2018 **2020** 2022

러시아
상트페테르부르크
지하철 폭탄 테러

모스크바의 국제공항 테러

베슬란 학교 인질극

우크라이나

몰도바

존엄의 **혁명**
러시아 크림반도 합병
돈바스 **전쟁** 발발

러시아와 천연가스를
둘러싼 분쟁 시작

벨라루스

알렉산드르 루카셴코 대통령의
재집권을 반대하는 대규모 시위와
시위 탄압

동유럽

러시아 군대 기념물 이전 이후
정부, 은행, 언론 사이트에 대한
최초의 대규모 **사이버 공격** 발생

에스토니아

나토와 유럽연합 가입

라트비아

리투아니아

벨라루스-유럽연합
국경 위기

발트 3국

아르메니아

러시아의
조지아 **침공**

나고르노카라바흐의 많은 영토가
아제르바이잔의 지배하에 놓이게 된
아르메니아-아제르바이잔 **전쟁**

조지아

아제르바이잔

캅카스

투르크메니스탄

오시에서 반우즈베키스탄
폭력 사태 발생

키르기스스탄

안디잔 민주화 **시위와
시위대 학살**

우즈베키스탄

영토 및 수자원
관련 **분쟁**

타지키스탄

중앙아시아

카자흐스탄

이슬람주의자들의
봉기와 교전 재개

석유와 천연가스로 얻은 권력

광물과 에너지가 풍부한 러시아는 석유와 천연가스 가격 상승으로 경제를 재건할 수 있었다.
러시아는 세계 제2위의 석유 생산국까지 되었지만 경제 다각화에는 실패했다.

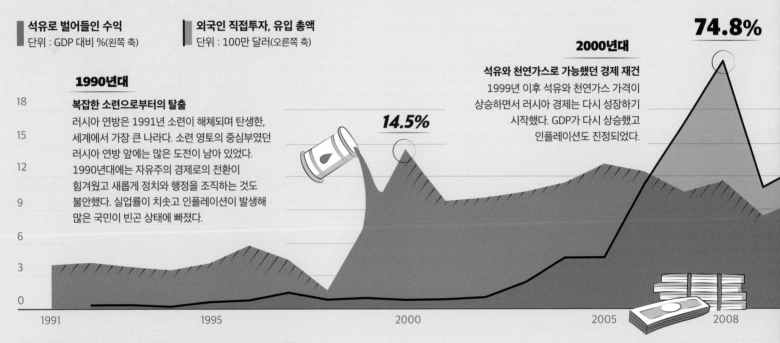

■ 석유로 벌어들인 수익
단위 : GDP 대비 %(왼쪽 축)

■ 외국인 직접투자, 유입 총액
단위 : 100만 달러(오른쪽 축)

74.8%

2000년대
석유와 천연가스로 가능했던 경제 재건

1999년 이후 석유와 천연가스 가격이
상승하면서 러시아 경제는 다시 성장하기
시작했다. GDP가 다시 상승했고
인플레이션도 진정되었다.

14.5%

1990년대
복잡한 소련으로부터의 탈출

러시아 연방은 1991년 소련이 해체되며 탄생한,
세계에서 가장 큰 나라다. 소련 영토의 중심부였던
러시아 연방 앞에는 많은 도전이 남아 있었다.
1990년대에는 자유주의 경제로의 전환이
힘겨웠고 새롭게 정치와 행정을 조직하는 것도
불안했다. 실업률이 치솟고 인플레이션이 발생해
많은 국민이 빈곤 상태에 빠졌다.

출처 : 경제복잡성관측소(OEC) ; 러시아은행 ; 국제에너지기구 ; 세르부르크대학교

러시아의 품목별 수출 비중(단위 : %)

■ 광물 제품　■ 금속, 보석, 부산물　■ 비광물 제품

연도	광물 제품	금속, 보석, 부산물	비광물 제품
1995	42.5	26.7	30.8
2000	53.8	21.7	24.5
2005	64.8	16.8	18.4
2010	68.5	12.7	18.8
2015	63.8	11.9	24.3
2021	53.5	14	32.5

러시아의 중국 수출 비중(단위 : %)

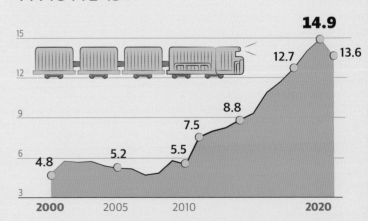

14.9
13.6
12.7
8.8
7.5
5.5
5.2
4.8

2000　2005　2010　2020

2010년대 말

경제 및 무역 상대국 다각화

러시아 경제는 광물 자원 수출에 대한 의존성이 높다. 2018년 석유와 천연가스 수출이 정부 수입의 46.4퍼센트를 차지했다. 그래서 경제 및 무역 상대국을 다각화하고자 했다. 중국은 러시아 최대의 무역 상대국이 되었고, 유럽연합과 미국과의 관계는 악화했다. 우크라이나 전쟁으로 긴장은 더 고조되었다.

60 000
50 000
40 000
30 000
20 000
10 000
0

2012 2015 2020

국가별 1인당 GDP 추이(기준 : 1991년 100)

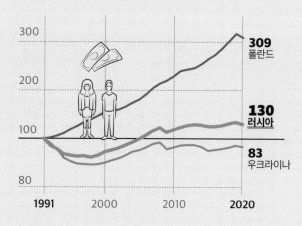

300
200
100
80

309 폴란드
130 러시아
83 우크라이나

1991 2000 2010 2020

실업률(단위 : 노동가능인구 중 %)

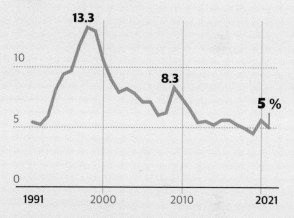

13.3
10
8.3
5 %
5
0

1991 2000 2010 2021

중국의 주요 석유 수입국
(2019년, 단위 : 1억 달러)

사우디아라비아	355
러시아	**337**
이라크	211
앙골라	200
브라질	155

중국의 주요 무기 수입국
(2021년, 단위 : 100만 SIPRI TIV*)

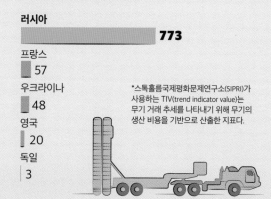

러시아	**773**
프랑스	57
우크라이나	48
영국	20
독일	3

*스톡홀름국제평화문제연구소(SIPRI)가 사용하는 TIV(trend indicator value)는 무기 거래 추세를 나타내기 위해 무기의 생산 비용을 기반으로 산출한 지표다.

인플레이션 추이(단위 : %)

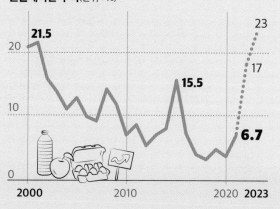

21.5
20
15.5
10
6.7
0

23
17

2000 2010 2020 2023

러시아의 또 다른 과제 : 인구

러시아 인구는 소련 붕괴 이후 계속 줄어들고 있다. 푸틴이 세운 출산 장려 정책에도 불구하고
감소세는 나아지지 않았다. 2014년 크림반도 합병으로 러시아 인구는 230만 명 늘어났다.

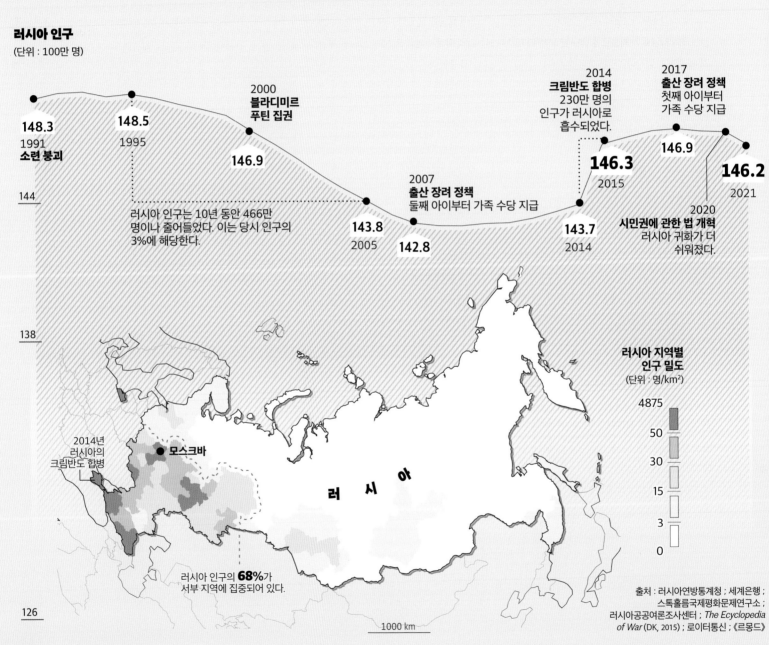

러시아 인구
(단위 : 100만 명)

148.3
1991
소련 붕괴

148.5
1995

2000
**블라디미르
푸틴 집권**

146.9

144

러시아 인구는 10년 동안 466만
명이나 줄어들었다. 이는 당시 인구의
3%에 해당한다.

2007
출산 장려 정책
둘째 아이부터 가족 수당 지급

143.8
2005

142.8

2014
크림반도 합병
230만 명의
인구가 러시아로
흡수되었다.

146.3
2015

143.7
2014

2017
출산 장려 정책
첫째 아이부터
가족 수당 지급

146.9

2020
시민권에 관한 법 개혁
러시아 귀화가 더
쉬워졌다.

146.2
2021

138

126

**러시아 지역별
인구 밀도**
(단위 : 명/km²)

4875
50
30
15
3
0

2014년
러시아의
크림반도 합병

● 모스크바

러 시 아

러시아 인구의 **68%**가
서부 지역에 집중되어 있다.

1000 km

출처 : 러시아연방통계청 ; 세계은행 ;
스톡홀름국제평화문제연구소 ;
러시아공공여론조사센터 ; *The Ecyclopedia
of War* (DK, 2015) ; 로이터통신 ;《르몽드》

소련이 붕괴한 뒤 러시아 인구는 꾸준히 감소했다. 1992년은 전환기였다. 이 큰 선진국의 사망률이 최초로 출생률을 크게 넘어섰기 때문이다. 러시아연방통계청(Rosstat)에 따르면, 1989년 1억 4700만 명이었던 인구는 2021년 1억 4547만 명으로 줄어들었다. 여기에는 2014년 합병된 크림반도의 인구 230만 명이 포함되어 있다.

러시아의 인구는 2050년 1억 3000만에서 1억 4000만 명 수준으로 정체될 전망이다. 1989년 전체 인구의 81.5퍼센트였던 러시아 민족의 비중은 2022년에 77.7퍼센트로 줄어들었다. 경제활동인구 비율도 줄어들어서 큰 사회문제가 될 우려를 낳고 있다.

러시아의 인구 감소는 무엇보다 알코올 소비와 그로 인한 영향으로 남성 사망률이 높은 것이 원인이다. 알코올 소비는 지난 10년간 줄어들었지만, 2000년대에 심혈관 질환과 교통사고로 연간 3만 명이 사망했고, 2018년에는 1만 8000명이 사망했다. 그리고 2007년부터 정부가 시행한 출산 장려 정책에도 불구하고 인구 감소분이 출생률로 상쇄되지 못했다. 출생률이 2010년 이후 여성 1인당 1.6명으로 다시 올랐지만(1999년에 1.16명), 세대가 교체되는 데 필요한 출생률인 2.05명에는 미치지 못했다.

러시아 인구학자 알렉세이 락샤에 따르면, 2020년 10월부터 2021년 9월까지 코로나19 팬데믹이 직간접적으로 원인이 되어 100만 명 가까이 목숨을 잃었다. 러시아 국민이 보건 정책을 거의 따르지 않았고, 백신 접종도 제대로 이루어지지 못했다. 2022년 3월 초에야 러시아 주민 2명 중 1명이 2차 접종을 마쳤다.

구소련 국가의 이주민

이러한 인구 감소는 푸틴이 2000년에 집권하면서 세웠던 계획에 지장을 초래했다. 푸틴은 러시아의 국제무대 복귀의 요소로 인구 성장을 꼽았던 터였다. 국내적으로 인구 감소는 러시아 민족—주로 슬라브 민족(대부분 기독교인)—과 출생률이 높은 이슬람 주민의 비중을 균형 있게 맞추는 데도 문제가 되었다. 구소련에서 유입되는 이주민만으로는 인구 감소를 막을 수 없었고, 처음에는 러시아 정부도 이주를 장려했지만 이제 러시아 민족 대다수가 이를 비판하고 있다. 러시아에는 현재 캅카스(아르메니아와 아제르바이잔) 이주민 200만 명과 중앙아시아(주로 키르기스스탄, 타지키스탄, 우즈베키스탄) 이주민 120만 명이 거주하고 있다.

이러한 상황에서 남오세티야, 압하지야, 트란스니스트리아에서 러시아 여권을 발급하고 크림반도와 돈바스 지역의 주민을 '흡수'한 것은 기회로 작용했다. 우크라이나도 러시아 인구 문제를 해결할 수 있는 인구 '보유고'로 인식되고 있다.

프랑크 테타르

남성의 기대수명(단위 : 년)

1991
프랑스 79.7
폴란드 74.1
러시아 **68.2**

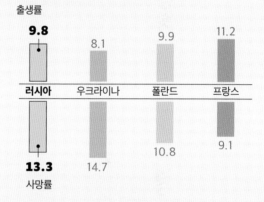

출생률과 사망률(2020년, 단위 : 1000명 당)

출생률
9.8 8.1 9.9 11.2
러시아 우크라이나 폴란드 프랑스
13.3 14.7 10.8 9.1
사망률

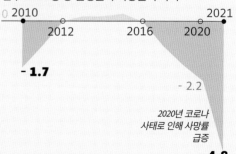

러시아 인구의 자연 증가율
인구 1000명 당 출생률과 사망률의 차이

0 2010 2021
2012 2016 2020
- 1.7
- 2.2
2020년 코로나 사태로 인해 사망률 급증
- 4.8

동방 정교회의 분열

수백 년을 거슬러 올라가는 콘스탄티노폴리스 총대주교청과 모스크바 총대주교청의 갈등은
오늘날까지도 러시아와 우크라이나의 긴장을 고조시키는 원인이다.

**모스크바 총대주교청과 콘스탄티노폴리스 총대주교청은
동방 정교회의 주도권을 놓고 다투고 있다.**

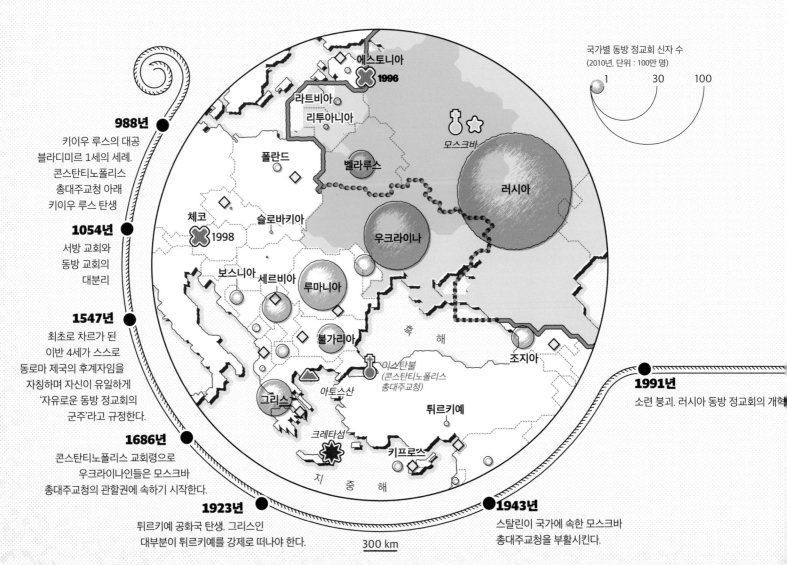

국가별 동방 정교회 신자 수
(2010년, 단위 : 100만 명)

1　30　100

988년

키이우 루스의 대공
블라디미르 1세의 세례.
콘스탄티노폴리스
총대주교청 아래
키이우 루스 탄생

1054년

서방 교회와
동방 교회의
대분리

1547년

최초로 차르가 된
이반 4세가 스스로
동로마 제국의 후계자임을
자칭하며 자신이 유일하게
'자유로운 동방 정교회의
군주'라고 규정한다.

1686년

콘스탄티노폴리스 교회령으로
우크라이나인들은 모스크바
총대주교청의 관할권에 속하기 시작한다.

1923년

튀르키예 공화국 탄생. 그리스인
대부분이 튀르키예를 강제로 떠나야 한다.

1943년

스탈린이 국가에 속한 모스크바
총대주교청을 부활시킨다.

1991년

소련 붕괴. 러시아 동방 정교회의 개혁

에스토니아　1996
라트비아
리투아니아
폴란드
벨라루스
모스크바
러시아
체코　1998
슬로바키아
우크라이나
보스니아
세르비아
루마니아
불가리아
흑　해
조지아
그리스
아토스산
이스탄불
(콘스탄티노폴리스
총대주교청)
튀르키예
크레타섬
키프로스
지　중　해

300 km

콘스탄티노폴리스의 동방 정교회가 상징적인 권력을 가졌다.

 콘스탄티노폴리스 총대주교청

 주요 순례 장소

 모스크바 총대주교청의 해방 교회

 다른 총대주교청과 콘스탄티노폴리스의 우위를 인정한 독립 교회

 2016년 콘스탄티노폴리스 총대주교청이 주관한 범정교회 공의회

영향력이 큰 러시아 정교회가 가장 많은 신자를 보유하고 있다.

 모스크바 총대주교청

1050년경 키이우 루스. 러시아는 키이우 루스를 러시아 동방 정교회의 역사적 중심으로 인식했다.

 모스크바 총대주교청과 러시아 정부의 긴밀한 관계

지부의 경계 (키이우 총대주교청과 경쟁)

✥ 콘스탄티노폴리스의 바르톨로메오스 1세
"최고의 세계 총대주교"

1940년 튀르키예의 임브로스섬에서 태어난 드미트리오스 아르혼도니스는 1991년에 콘스탄티노폴리스 세계 총대주교가 된다. 그는 여러 분파로 나뉜 동방 정교회의 통합을 강화하기 위해 애썼고, 타 종교들과의 교류에도 힘썼다. 튀르키예 당국과는 협력이 어려웠다. 환경 보호는 그가 가장 중요하게 여긴 활동 테마였다. 동방 정교회의 요람인 콘스탄티노폴리스 총대주교청의 관할권은 그리스 일부와 특히 서방의 디아스포라 교회 일부를 포함한다.

✥ 모스크바 총대주교 키릴
푸틴의 동맹자

1946년에 출생한 블라디미르 군디예프는 2009년 알렉세이 2세의 뒤를 이어 모스크바 총대주교가 되었다. 1965년에 레닌그라드 신학교에 입학했고, 총대주교청의 홍보 담당으로 일했다. 키릴은 사치스러운 생활과 KGB에 협력했을지 모른다는 과거 때문에 비난을 받았다. 푸틴의 충실한 동맹자인 키릴은 2022년 러시아의 우크라이나 침공을 공공연히 지지했다. 러시아 정부와 가까운 모스크바 총대주교청에는 전 세계 정교회 신자의 절반이 소속되어 있고, 기독교 문명의 새로운 중심인 '제3의 로마'로 오래전부터 입지를 굳히고 있다.

1992년
우크라이나에 저항 정교회 창설
(2018년 10월에 인정받았다)

2014년
크림반도 합병과 돈바스 전쟁

2018년 10월 11일
콘스탄티노폴리스 총대주교청이 1686년의 교회령을 폐지하고 우크라이나 독립 교회 창설의 길을 열어주었다.

우크라이나 정교회가 모스크바와 결별했다.

✿ 러시아 정교회의 요람.
1051년에 건설된 수도원

48% 키이우 총대주교청에 속한다고
생각하는 신자들의 비율

(+ 4) 키이우 총대주교청에 대한 소속감 변화
(2010년과 2018년, 단위 : 포인트)
*그리스 가톨릭 신자들이 매우 많은 지역

◆ 2014년 러시아의
크림반도 합병

▨ 친러파 분리주의자들이
점령한 지역

 키이우 총대주교 필라레트
반항아

우크라이나 동부 도네츠크주에서 1929년에 태어난
미하일로 데니셴코는 소련 시절 러시아 정교회를 이끌던
지도자 중 한 명이었다. 키이우에 살았던 그는 KGB의
협력자였다는 의심을 받고 있다. 1990년 러시아 정교회
총대주교로 선출되는 데 실패한 뒤 키이우 독립 총대주교청을
설립했다. 그로 인해 모스크바 총대주교청에서 제명당했다.

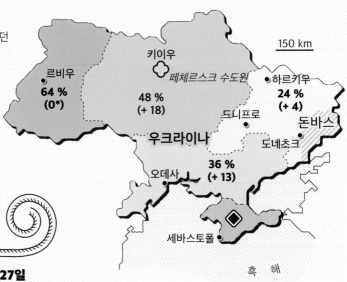

150 km

르비우
64 %
(0*)

키이우
✿ 페체르스크 수도원
48 %
(+ 18)

드니프로

하르키우
24 %
(+ 4)

돈바스

우크라이나

도네츠크

36 %
(+ 13)

오데사

세바스토폴

흑 해

2018년 10월 15일
러시아 정교회가
콘스탄티노폴리스
총대주교청과 완전한 결별을
선언했다.

2022년 2월 27일
키릴 총대주교가 러시아와
우크라이나가 역사적으로 한
국가임을 반대하는 자들을 '정체를
알 수 없는 외부 세력'으로 규정했다.

출처 : Yves Haman, "Vers une Église autocéphale en Ukraine" ;《Religiya 2018》(Razumkov Centre) ; Thomas Tanase, "Le monde orthodoxe, un objet géopolotique méconnu"(Diploweb) ; Ivo Paparella, "Ukraine, Russie et Églises orthodoxes : enjeux géopolitique"(Académie de marine) ; 퓨리서치센터(2017)

감소하고 있는
러시아 정교회 신자 수

66 %

2021년
**자신을 정교회 신자라고 생각하는
사람의 비율**

vs.

75 %

2017년

전체 인구 중 무슬림 비율

10 % ~ 15 %

('러시아의 대(大)무프티'에 따르면)
2034년에 **30%**까지 상승할 전망이다.

스탄티노폴리스 총대주교청은 정교회의 역사적 요람이며, 따라서 정교회 전체에 상징적인 권력을 행사한다. 1054년 동방 교회가 진정한 믿음(그리스어로 '오르토독시아')을 갖고 있는 것은 자신들이라며 서방 교회와 결별한 이후, 콘스탄티노폴리스는 최고의 총대주교청이 되었다. 그런데 그 권위는 머지않아 정신적인 영역에만 한정되었다. 1453년 오스만 제국이 동로마 제국의 수도인 콘스탄티노폴리스를 점령하자 여러 총대주교청과 교회가 독자적으로 조직화하여 독립했다. 그리스인 대부분은 1923년 튀르키예 공화국이 건국되었을 때 튀르키예를 떠나야 했기 때문에, 현재 콘스탄티노폴리스에는 정교회 신자 수 천 명 정도가 남아 있을 뿐이다. 이곳 총대주교청의 관할권은 그리스 일부와 서방에 흩어진 디아스포라 교회 일부에 한정된다. 반면 친정부 성향의 모스크바 총대주교청에는 전 세계 정교회 신자의 절반이 속해 있고, 16세기 이후 '제3의 로마'를 자칭하면서 새로운 기독교 문명의 중심지라는 위상을 유지하고 있다. 그런 의미에서 서방이 '타락'의 길을 선택한 것은 기독교 가치를 배반한 것이다. 1991년 소련이 붕괴하면서 정교회의 개혁이 시작되었다. 러시아인 3명 중 2명은 70년 동안 공산주의 체제가 이어졌음에도 불구하고 여전히 정교회 신자임을 내세운다. 그러나 모스크바 총대주교청은 2016년 6월에 열렸던 범정교회 공의회에 참석 거부 의사를 밝혔고, 이로 인해 콘스탄티노폴리스 총대주교청과 결별하게 되었다.

우크라이나 사태로 분명해진 갈등

1686년 우크라이나 국민은 제정 러시아에 통합되면서 콘스탄티노폴리스 교회령에 따라 모스크바 총대주교청의 관할권에 속하게 되었다. 1992년에 다시 독립한 우크라이나에서 저항 교회가 만들어지면서, 모스크바 총대주교청에 속한 러시아 정교회와 키이우 총대주교청에 속한 우크라이나 독립 교회는 공존하게 되었다. 2014년 크림반도 합병과 돈바스 전쟁 당시 모스크바 총대주교 키릴이 푸틴 정권에 동조하자, 많은 우크라이나 신자가 모스크바 총대주교청을 떠나 키이우 총대주교청에 합류했다. 우크라이나 신자들의 키릴 지지율은 2010년 44퍼센트에서 2018년 15.3퍼센트로 추락했다. 2018년 10월 11일 콘스탄티노폴리스 총대주교청은 1686년의 교회령을 철폐하고 우크라이나 독립 교회 창설의 길을 열어주었다. 콘스탄티노폴리스 총대주교청이 인정한 우크라이나 독립 교회는 모스크바 총대주교청에게는 상징적이면서 동시에 전략적인 패배였다. 우크라이나의 정교회 신자는 3500만 명에 달하고, 러시아 정교회의 자산과 종교 공동체의 3분의 1을 차지한다. 건물의 경우 러시아 정교회는 1만 1392채를 소유하고 있고, 키이우 총대주교청은 4000채를 가지고 있다. 우크라이나 침공도 우크라이나 독립 교회가 2022년 5월 29일 모스크바 총대주교청과 결별하게 된 원인이다. 키릴 총대주교가 푸틴이 일으킨 전쟁을 지지했기 때문이다.

브누아 비트킨

지구 온난화로 약해지는 땅의 힘

시베리아 지역과 북반구 최북단 지역의 주민들에게
지구 온난화의 위협이 서서히 다가오고 있다.

툰드라 곳곳에서 볼 수 있는 마을의 주민들은 뭔가 달라졌다는 것을 느낀다. 토양이 유실되면서 커다란 웅덩이가 팬 곳이 있는가 하면, 가뭄으로 가축에게 줄 먹이가 없는 곳도 있다. 그런데 마을 사람들은 매번 이렇게 장담한다. "이곳은 아직 괜찮아요. 아이들은 신나게 강에서 멱을 감지요. 하지만 옆 마을 상황은 안 좋아요." 지구 온난화와 환경 관련 문제 전반에 대한 러시아 국민의 인식은 변했다. 전 세계적으로 관찰되는 기온 상승은 몹시 춥거나 더운 지역에서 더 높았다. 지구 전체적으로 보면 2020년 6월 기온 상승은 2019년 최고 기록과 유사하다. 가장 온도가 상승한 지역은 북극과 가까운 시베리아 지역이다. 평균 기온이 6월 평년 기온보다 5도 이상 상승했고, 지역에 따라 10도 이상 상승한 곳도 있다. 7월에도 더위가 지속되었다.

극심한 기후 현상

그러나 이 문제는 오랫동안 이 새로운 상황을 어떻게 이용할 것인가 하는 방향으로만 다루어졌다. 일년 중 대부분의 기간 동안 북극 항로를 개방한다든가, 농업에 새로운 가능성이 주어졌다는 식으로 말이다. 기후 이변의 가장 눈에 띄는 신호는 홍수와 산불을 비롯한 극심한 기후 현상이 잦아진다는 것이다. 이제 산불은 여름이면 늘상 일어나는 일이 되었다. 관련 당국에 따르면, 2020년 1월 1일부터 산림의 400만 헥타르 이상이 산불로 소실되었다. 위성으로 같은 지역을 관찰한 그린피스는 이 수치가 1350만 헥타르에 달한다고 발표했다. 그러나 산불은 대부분 외딴 지역에서 일어나기 때문에 진압한다는 것 자체가 말이 되지 않는다.

기후 변화의 새로운 지표는 영구동토층의 해빙이다. 영구동토층은 일 년 내내 얼어 있는 땅으로, 그 깊이가 1000미터에 달하기도 한다. 야쿠츠크와 같은 도시에서는 땅이 녹으면서 필로티 건축물이 흔들리기도 하고 이미 무너진 건물들도 있다. 영구동토층 해빙은 80퍼센트가 이 지역에 세워진 석유와 천연가스 관련 기반시설에도 큰 위험이다. 그래서 "지구 온난화의 원인은 알 수 없다"는 푸틴의 입장에도 불구하고, 관련 당국은 그 위험을 고려하고 있다. 현재 관찰된 다양한 현상들이 서로 영향을 주고 있어서 미래는 밝지 않다. 영구동토층의 해빙으로 강력한 온실기체가 대기 중으로 방출되면 기후 이변은 더 악화할 것이다. 산불은 땅 온도를 올리고, 그 재도 북극 빙하에 쌓이면서 빙하가 더 빨리 녹게 만든다. 이러한 상황에서 인간 활동도 계속 증가할 것이기 때문에 기상 이변은 더욱 악화할 것이 빤하다. 북극 지방뿐만 아니라 지구 전체의 기후는 더 불안정해질 것이다. 북극은 지구의 공기청정기 역할을 하기 때문이다.

브누아 비트킨

극심한 온도 증가는…

1981~2010년 평균 기온 대비 2020년 6월 북극 시베리아의 비정상적인 기온 상승(단위 : ℃)

```
+ 6
+ 4
+ 2
  0
- 2
- 4
   1950        2000     2020
```

1981~2010년(1~6월) 평균 기온 대비 2020년에 5℃ 이상 차이

+ 2020년 6월 20일 측정된 기온(단위 : ℃)

10년간 평균 기온 상승

+ 0.18 ℃
지구

+ 0.47 ℃
러시아

+ 0.69 ℃
러시아권 북극

환경 위기를 가중시키고…

북극 : 2020년 6월 산불로 인한 이산화탄소 배출량 추이
(단위 : 100만 톤)

```
15
10
 5
 0
    2005    2010    2015    2020
```

2020년 6월 20일~7월 24일 발생한 산불

영구동토층의 빠른 해빙

하천의 빠른 해빙으로 북극해에 유입되는 담수량 증가

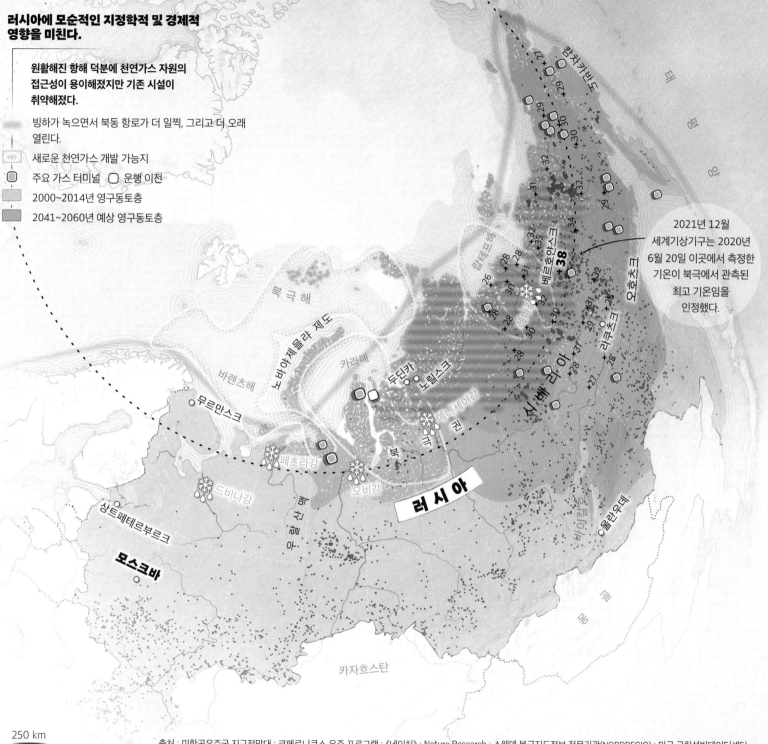

러시아에 모순적인 지정학적 및 경제적 영향을 미친다.

원활해진 항해 덕분에 천연가스 자원의 접근성이 용이해졌지만 기존 시설이 취약해졌다.

빙하가 녹으면서 북동 항로가 더 일찍, 그리고 더 오래 열린다.

새로운 천연가스 개발 가능지

주요 가스 터미널 · 운행 이전

2000~2014년 영구동토층

2041~2060년 예상 영구동토층

2021년 12월 세계기상기구는 2020년 6월 20일 이곳에서 측정한 기온이 북극에서 관측된 최고 기온임을 인정했다.

캄차카반도

노바야제믈랴 제도

랍테프해

카라해

바렌츠해

베르호얀스크 **38**

오호츠크해

두딘카 노릴스크

북 극 권

예니세이강

무르만스크

페초라강

드비나강

오비강

상트페테르부르크

러 시 아

모스크바

시 베 리 아

카자흐스탄

250 km

출처 : 미항공우주국 지구전망대 ; 코페르니쿠스 우주 프로그램 ; 《네이처》 ; Nature Research ; 스웨덴 북극지도정보 전문기관(NORDREGIO) ; 미국 국립설빙데이터센터

점점 더 뜨거워지는 시베리아의 여름

산불과 영구동토층의 해빙은 2020년 최고 온도를 기록한 시베리아의 지구 온난화를 증명한다.

빙하와 눈

기온 상승으로 악화한 시베리아 산불로 인해
이산화탄소가 방출되었고 재는 바람을 타고
날아가 빙하 위에 쌓였다. 눈도 까맣게 변했고
열을 더 가두고 있어서 빙하 해빙을 가속한다.

인과관계

하천의 빠른 해빙

하천이 빨리 녹으면서 **홍수**가 발생한다.
두딘카에서는 2020년 6월 예니세이강의
빙하가 녹으면서 하천 수위가 15미터나
상승했다.

영구동토층

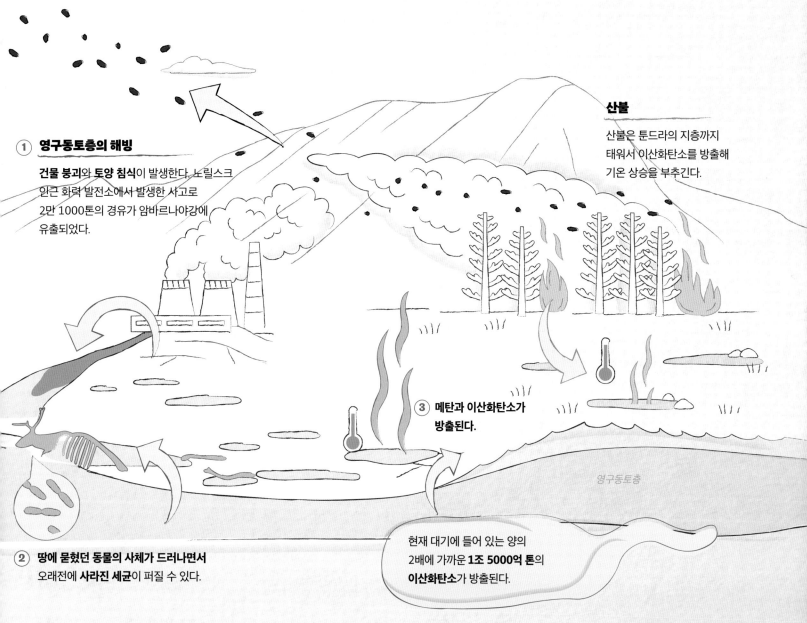

산불

산불은 툰드라의 지층까지 태워서 이산화탄소를 방출해 기온 상승을 부추긴다.

① **영구동토층의 해빙**

건물 붕괴와 **토양 침식**이 발생한다. 노릴스크 인근 화력 발전소에서 발생한 사고로 2만 1000톤의 경유가 암바르나야강에 유출되었다.

③ **메탄과 이산화탄소가 방출된다.**

② **땅에 묻혔던 동물의 사체가 드러나면서** 오래전에 **사라진 세균**이 퍼질 수 있다.

영구동토층

현재 대기에 들어 있는 양의 2배에 가까운 **1조 5000억 톤**의 **이산화탄소**가 방출된다.

PARTIE 2

영향력 확대를 꿈꾸는 러시아

1999년에 집권한 푸틴은 옛 소련 지역에서 영향력을 유지하고자 한다. 러시아는 북극과 우주에서도 자국의 이익을 보호하려 한다.

1999년 3월 워싱턴에 착륙하기로 예정됐던 비행기 한 대가 대서양 상공에서 회항했다. 비행기에는 절망에 빠진 남자가 타고 있었다. 그는 바로 러시아 외무부 장관 예브게니 프리마코프. 그는 앨 고어 미국 부통령과 위성 전화 통화를 하며, 미국이 북대서양조약기구(나토NATO)의 회원국 자격으로 세르비아와 코소보에 공습을 감행한다는 소식을 막 전해 들은 참이었다. 알바니아계 주민 학살을 막아야 한다는 목적이, 국제연합 안전보장이사회가 결의를 하지 않은 것보다 중요했다. 당시 러시아는 옐친 대통령의 건강 상태만큼이나 국력이 매우 약화한 상태였다. 이듬해 여름 금융 붕괴 사태까지 겪을 정도로 러시아의 대외부채 규모는 막대했다. 러시아는 영향력을 잃어갔다. 프리마코프 장관이 미국 해안가에서 비행기를 회항한 것은 러시아를 구원한 상징적 사건이었다.

프리마코프는 더 멀리 보았다. 몇 년 전 그는 외교 정책 분야에서 자신의 이름을 달게 될 독트린을 구상했다. 미국 중심으로 일극화된 세계와 나토의 확장을 막고, 동시에 중국과 관계 강화를 추구한다는 내용이었다. 이는 러시아를 다시 일으켜 세우기 위함이었다. 동양학자이자 러시아 과학아카데미 회원이었던 프리마코프는 키이우에서 태어났다. 러시아 해외정보국 수장을 지낸 그는 자신의 계획을 제대로 실천에 옮기지 못했고, 연방보안국(FSB) 국장에게 자리를 내주었다. 그 후임이 바로 푸틴이다. 푸틴은 낯빛이 창백하고 깡마른 체구의 사나이로 대중에게 인지도가 낮은 인물이었다.

17개월 동안 세 차례나 총리가 바뀌고 결국 네 번째 총리가 된 푸틴이 권좌에 그렇게 오래 머무르리라는 상상은 당시 아무도 하지 못했다.

푸틴이 총리가 된 뒤 여러 사건이 급속히 진행되었다. 러시아에서 민간인 건물에 테러가 발생했고 제2차 체첸 전쟁이 발발했다. 옐친 대통령은 신년이 되자 사임을 표명하고 그 자리를 푸틴에게 물려주었다. 푸틴의 재임 초기는 건설적이었다고 할 수 있다. 나토와의 관계도 회복되었다. 2001년 6월 조지 W. 부시 미국 대통령이 슬로베니아에서 푸틴을 만났다. 푸틴의 눈을 들여다본 부시 대통령은 '그의 영혼'을 읽을 수 있었다고 말했다. 흔치 않은 일이다.

그로부터 21년 뒤인 2022년 2월 말, 푸틴은 유럽인들에게 전쟁이 어떤 것이었는지 상기시켰다. 중무장한 러시아 군대는 우크라이나를, 당면한 현실과 미래 계획을 염두에 두고 무너뜨린다는 임무를 띠었다. 또한 우크라이나의 독립 염원을 깨부수고 미국을 혼란에 빠뜨리는 것이 목적이었다. 대규모 공습에 대한 전문가들의 해석은 서로 충돌했고, 무엇보다 러시아가 이러한 파괴적인 계획을 한 이유를 찾을 수 없었다. 그러나 지난 20년간 미국과 러시아의 관계를 돌이켜보면 많은 것을 알 수 있다. 양국 관계는 이 전쟁의 단순한 배경이 아니라 근본적인 원인이며, 우크라이나는 그 희생양이다. 양국 관계는 상호 몰이해가 어떻게 원한과 적대감을 키웠는지, 그리고 푸틴이 5명의 미국 대통령을

폭력의 사용은
수단이 아니라
목적 그 자체이며
미래를 내다보는 능력과
야망의 표현이다.

상대하면서 어떻게 러시아를 국제무대에서 배척당하는 나라로
키웠는지를 보여준다.

위선적이고 나약한 서방을 제압하다

러시아 정권은 그 20년 동안 몇 가지를 확신하게 되었다. 첫 번째는
서방 사회의 위선이다. 서방은 러시아에 강요한 법 원칙을 스스로
어기고 있다는 것이다. 코소보 전쟁과 리비아의 국가원수 카다피의
죽음—푸틴은 큰 충격을 받은 것으로 전한다—이 그 증거였다. 그로
인한 배신감, 그리고 나토의 확장과 러시아 변방에서 일어난 '색깔
혁명'[우크라이나의 오렌지 혁명이나 키르기스스탄의 재스민 혁명 등
특별한 색이나 꽃을 상징으로 한 일련의 반정부 봉기-옮긴이]으로 인해
포위당한 듯한 심리가 생겼다. 러시아는 색깔 혁명에 미국의 입김이
작용했다고 본다. 자주권이 없는 민족은 외부 세력의 장난감이 될
수밖에 없으니 말이다. 두 번째는 미국이 내부 분열과 서아시아 군사
개입으로 인해 세력이 약해졌다는 확신이다. 세 번째 확신은 첫
번째와 두 번째 확신에서 나왔다. 21세기에 출현한 새로운 세상에서

반동적인 대담함, 강한 군사력, 넓은 영토는 경제 제재나 군사 작전
비용, 국제사회의 비난보다 훨씬 큰 결정적 우위를 러시아에 준다는
확신이다. 폭력의 사용은 도구일 뿐 아니라 목적 그 자체다. 미래를
예측하는 능력, 야망의 표현이라는 것이다.

대내적으로 폭력은 반정부 시도를 진압하고 불만 세력의 응집을
막는 용도로 쓰인다. 러시아도 20년 전부터 그런 상황이다. 안정은
사회계약의 근간이고, 협박은 그 보장이다. 부패와 특혜가 만연한
엘리트 계층은 정권에 충직하지 않으면 추락할 수밖에 없다.
대외적으로 폭력은 국제무대에서 전진하고 경쟁자의 힘을 빼는
수단이 된다. 이러한 시스템은 경쟁 관계로 지속되는데, 이때 그 경쟁
관계가 진짜든 상상이든 상관없다. 러시아 입장에서는 선과 악,
진실과 거짓은 나약한 자들, 즉 혐오스러운 증오의 대상인 자유주의
민주주의가 걸친 낡은 옷이 된 지 오래다. 그러나 러시아의
우크라이나 침공이 시작되자 들고 일어난 서방의 반응을 보면
이러한 평가는 큰 오류다. 이러한 오류는 러시아가 원대한 계획을
세웠음을 보여주지도 않을뿐더러, 제정 러시아나 소비에트 연방을
재건하겠다는 지정학적 환상을 증명하지도 않는다. 그보다는
타오르는 복수의 욕망, 기회주의적이면서도 독단적인 욕망을
보여준다.

시작은 역사적인 관계 개선이었다

2001년 여름 푸틴 대통령은 집권 6개월을 맞았다. 사람들은 그를

알아가기 시작했다. 지금도 기억에 남는 기자회견에서 푸틴은 러시아가 "나토를 적대적 기구로 보지 않는다"고 말했고, 러시아도 나토에 가입하거나 나토의 논의에 적극적으로 가담할 수도 있다고까지 말했다. 그러면서도 나토가 러시아에 등을 돌릴 가능성을 염두에 두고 "우리는 서로를 견제할 것이다. 나는 러시아가 그 누구도 위협하지 않는 존재임을 양 진영이 이해했다고 생각하지만 말이다"라고 덧붙였다.

2001년 9월 25일 푸틴은 독일 연방의회에서 연설을 했다. 이슬람 과격주의자들이 미국의 세계무역센터와 국방부에 테러를 저지른 지 2주 뒤였다. 푸틴은 조지 W. 부시 대통령에게 전화를 걸어 연대를 표한 최초의 외국 대통령이었다. 러시아는 체첸에서 알카에다까지 지하디스트들에 맞서는 공동 전선을 그렸다. 그리고 국제적 연합 형성에서 핵심적인 역할을 했다. 독일 의원들 앞에 선 푸틴은 이렇게 외쳤다. "냉전이 끝났는데도 우리는 냉전의 고정관념에서 벗어나지 못했습니다."

러시아 국내에서는 자신의 색을 더 드러냈다. 1999년 가을에 시작된 제2차 체첸 전쟁은 학살과 전쟁 범죄로 점철되었다. 수도인 그로즈니는 초토화되었다. 2002년 10월 모스크바에 있는 두브롭카 극장에서 체첸의 이슬람 과격주의자들이 벌인 인질극은 러시아 군대가 독가스를 살포하며 막을 내렸다. 이때 130여 명의 인질도 테러리스트들과 함께 사망했다. 2003년 10월에는 미하일 호도르콥스키가 체포되었다. 러시아 석유 기업 유코스의 회장인

그는 정권과 신흥 재벌의 관계를 새롭게 정립한 푸틴의 규칙을 이해하지 못한 바람에 10년 동안 옥살이를 하게 된다. 몇 주 뒤에는 조지아에서 '장미 혁명'이 일어났고, 나토를 지지하는 젊은 개혁가 미헤일 사카슈빌리가 대통령이 되었다. 러시아에서는 서방이 러시아를 포위하고 뒤흔들려 한다는 분위기가 생겼다.

미국에 대한 불신은 2003년 3월 이라크 전쟁이 터지면서 더 심해졌다. 조지 W. 부시 대통령과 신보수 세력이 국가의 거짓말을 바탕으로 인명과 재산상의 큰 희생을 감수하고 지역 안정까지 해치면서 전쟁이라는 모험을 감행했기 때문이다. 사담 후세인이 대량 살상 무기를 가지고 있다는 주장은 미국의 신뢰도를 깎아 먹었을 뿐만 아니라, 강자가 진실을 존중하는 것이 아니라 만들어낸다는 확신을 러시아에 심어주었다. 그러나 푸틴은 아직 이러한 깨달음을 모두 행동에 옮기지는 않았다. 아직 국내 기반을 다질 때였기 때문이다. 석유와 천연가스가 그것을 도와줄 것이다.

'러시아 세계' 지키기

2004년 3월 나토에 7개국(불가리아, 에스토니아, 라트비아, 리투아니아, 루마니아, 슬로바키아, 슬로베니아)이 새로 가입하면서, 5년 전 헝가리, 폴란드, 체코 가입 이후 나토가 동쪽으로 확장되고 있다는 사실을 입증했다. 회원국의 안전을 공동으로 책임지는 나토의 본래 사명은 민주화와 개방이라는 정치적 목적도 갖게 되었다. 러시아는 자국 영향권 안에 음흉한 정복 전략이 숨어 있다고 확신했다. 그러나

러시아는 자국 영향권 안에 음흉한 정복 전략이 숨어 있다고 확신했다.

권력을 잡은 엘리트 계층의 머릿속에는 여전히 러시아가 중심이 되는 '루스키 미르'(러시아 세계)라는 아이디어가 지배하고 있었다. 그런 의미에서 소련이 분해되면서 탄생한 국가들은 인위적으로 만들어낸 국가일 뿐이었다.

우크라이나에서 발생한 일련의 사건은 이러한 우려를 강화했다. 2004년 11월에 일어난 '오렌지 혁명' 당시 빅토르 야누코비치 대통령의 부정 선출을 반대하는 수많은 시민이 거리로 뛰쳐나와 시위를 벌였다. 몇 달 뒤 다이옥신에 중독되었던 반러 성향의 빅토르 유셴코가 대통령으로 선출되었다. 당시 우크라이나에는 서방에 닻을 내리기 위한 분명하면서도 대중적인 계획이 부재했다.

미국은 푸틴을 여전히 파트너로 여겼다. 푸틴은 상대하기 까다로워도 일부 사안에서는 쓸모 있는 파트너였다. 2005년 11월 그를 백악관으로 초청한 조지 W. 부시 대통령은 이렇게 말했다. "나는 당신을 높이 평가합니다. 또 당신이 이 반테러 전쟁을 이해한다는 것도 높이 평가합니다. 우리는 대량 살상 무기의 확산을 멈추기 위해 함께 일해야 한다는 것도 서로 이해하고 있습니다." 우선순위는 명확했다. 러시아는 낄 수 없지만 기여할 수는 있다는 것이다.

2006년 10월 모스크바에서 안나 폴릿콥스카야 기자가 암살당했고, 11월 말에는 런던에서 연방보안국 소속이었던 알렉산드르 리트비넨코가 방사능 물질인 폴로늄에 중독되어 사망했다. 이 사건들은 미국에 메시지를 보내는 것이었다. 러시아에서 폭력은 처벌받지 않는다는 사실 말이다. 푸틴은 리트비넨코의 죽음이 "유럽인들에게 정치적 선동" 도구로 이용되었다고 주장했다. 그의 언사는 점점 더 거칠어졌다. 부정, 음모, 비밀……. 미국이 동유럽에 대공 방어 무기들을 배치하려 하자—공식적으로는 러시아를 겨냥한 것이 아니었다—러시아는 이를 또 다른 위선의 신호로 받아들였다. 때마침 푸틴이 내놓은 상호 전략 조정 제안을 미국이 받아들이지 않았다.

2007년 말 러시아는 유럽재래식무기감축조약 참여를 중단했다. 조약문의 기준들이 시대에 뒤떨어지고 지나치게 제한적인 냉전 시대의 유물이라고 평가했다. 2월에 열린 뮌헨안보회의에서 푸틴은 미국을 상대로, 소련 붕괴 이후 가장 강도 높은 비판을 쏟아냈다. 그는 "주인이 하나밖에 없는 세상"과 "국제관계에서 (그 주인의) 지나친 무력 사용"을 비판했다.

피오트르 스몰라르

러시아와 유럽 사이에 낀 벨라루스

폴란드와 리투아니아, 즉 유럽과 국경을 맞대고 있는 벨라루스는 한때 유럽과 러시아 사이에서
갈팡질팡하다가 러시아에 대한 경제 및 정치적 의존성이 강해지게 되었다.

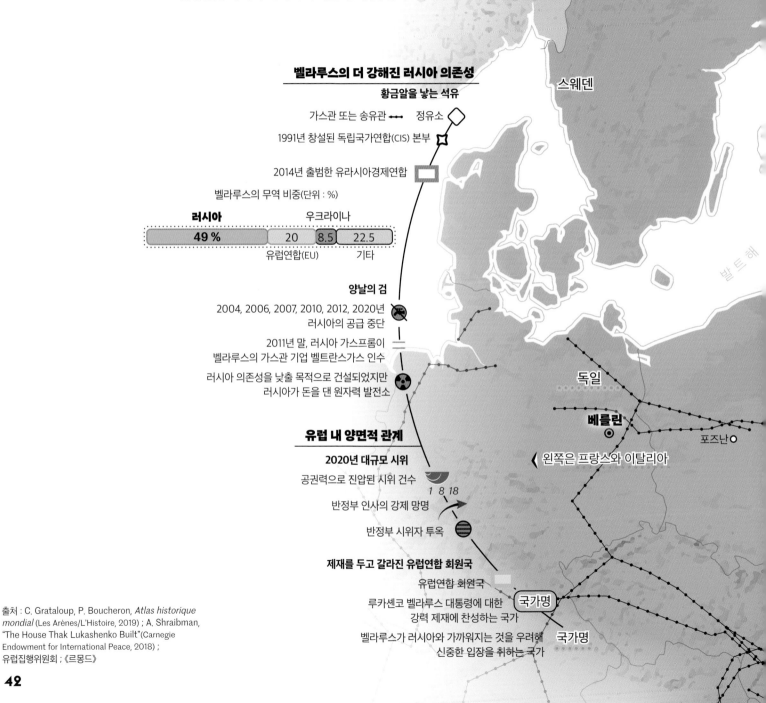

벨라루스의 더 강해진 러시아 의존성
황금알을 낳는 석유

가스관 또는 송유관 ●━━● 정유소

1991년 창설된 독립국가연합(CIS) 본부

2014년 출범한 유라시아경제연합

벨라루스의 무역 비중(단위 : %)

러시아	우크라이나		
49 %	20	8.5	22.5
	유럽연합(EU)	기타	

양날의 검

2004, 2006, 2007, 2010, 2012, 2020년
러시아의 공급 중단

2011년 말, 러시아 가스프롬이
벨라루스의 가스관 기업 벨트란스가스 인수

러시아 의존성을 낮출 목적으로 건설되었지만
러시아가 돈을 댄 원자력 발전소

유럽 내 양면적 관계

2020년 대규모 시위

공권력으로 진압된 시위 건수

1 8 18

반정부 인사의 강제 망명

반정부 시위자 투옥

제재를 두고 갈라진 유럽연합 회원국

유럽연합 회원국

루카셴코 벨라루스 대통령에 대한
강력 제재에 찬성하는 국가

벨라루스가 러시아와 가까워지는 것을 우려해
신중한 입장을 취하는 국가

스웨덴

발트 해

독일

베를린 ◉

포즈난 ○

← 왼쪽은 프랑스와 이탈리아

국가명

국가명

출처 : C. Grataloup, P. Boucheron, *Atlas historique
mondial* (Les Arènes/L'Histoire, 2019) ; A. Shraibman,
"The House Thak Lukashenko Built"(Carnegie
Endowment for International Peace, 2018) ;
유럽집행위원회 ;《르몽드》

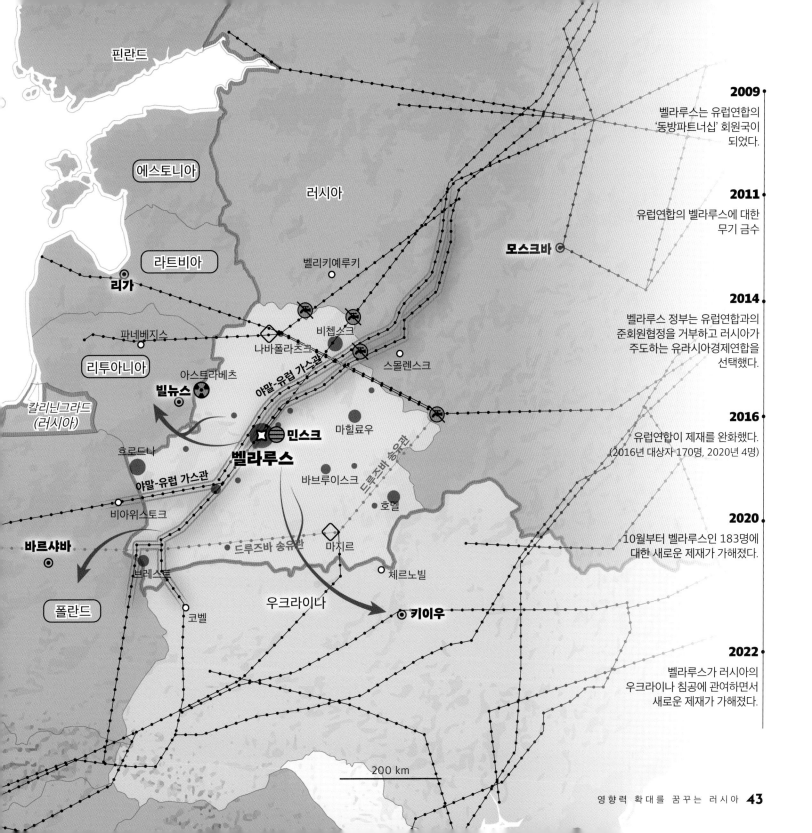

핀란드

에스토니아

러시아

라트비아

리가

벨리키예루키

리투아니아

파네베지스

나바폴라츠크

비쳅스크

스몰렌스크

아스트라베츠

빌뉴스

야말-유럽 가스관

칼리닌그라드
(러시아)

민스크

마힐료우

벨라루스

호로드나

바브루이스크

디루즈바 송유관

야말-유럽 가스관

호멜

비아위스토크

드루즈바 송유관

바르샤바

마지르

브레스트

체르노빌

폴란드

코벨

우크라이나

키이우

모스크바

2009
벨라루스는 유럽연합의
'동방파트너십' 회원국이
되었다.

2011
유럽연합의 벨라루스에 대한
무기 금수

2014
벨라루스 정부는 유럽연합과의
준회원협정을 거부하고 러시아가
주도하는 유라시아경제연합을
선택했다.

2016
유럽연합이 제재를 완화했다.
(2016년 대상자 170명, 2020년 4명)

2020
10월부터 벨라루스인 183명에
대한 새로운 제재가 가해졌다.

2022
벨라루스가 러시아의
우크라이나 침공에 관여하면서
새로운 제재가 가해졌다.

200 km

1569
두 개의 국가로 이루어진 공화국
리투아니아 대공국과 폴란드 왕국의 합병

1795
제정 러시아
폴란드 분할 이후

1569 지도 라벨: 리투아니아 대공국 / 벨라루스의 현재 국경 / 리가 / 모스크바 / 빌뉴스 / 민스크 / 베를린 / 크라쿠프 / 키이우

1795 지도 라벨: 리가 / 모스크바 / 빌뉴스 / 민스크 / 제정 러시아 / 베를린 / 프로이센 / 크라쿠프 / 오스트리아-헝가리 / 키이우

벨라루스는 소련 진영이 무너지고 1991년에 건국되었다. 국토 면적이 20만 7000제곱킬로미터에 달하는 내륙국으로, 인구는 약 1000만 명이다. 13세기에서 18세기까지 리투아니아 대공국 및 폴란드 왕국에 속해 있었으며, 공식 언어는 벨라루스어다. 폴란드 분할 당시 벨라루스의 국토는 제정 러시아에 속해 있다가 폴란드와 소련 영토로 다시 분할되었다(1921~1939년). 그리하여 벨라루스는 소련을 구성한 공화국 중 하나가 되었다. 제2차 세계대전 당시 독일 나치에 점령당한 벨라루스는 인구의 4분의 1을 잃었다. 이후 1945년에 통일되어(폴란드 영토로 남은 비아위

스토크 제외) 벨라루스 소비에트 사회주의 공화국이 되었다.

1994년에 대통령으로 선출된 알렉산드르 루카셴코는 소련의 국영 농장인 솝호스의 책임자 출신으로, 친러시아 행보를 보이며 1997년과 1999년 두 차례 러시아와 연맹국 창설 조약을 체결했다. 에너지와 안보 분야에서 벨라루스의 러시아 의존성이 강하기 때문에 러시아 정부는 벨라루스에 계속해서 영향력을 행사할 수 있었다. 그 대가로 벨라루스는 석유 수입에 대한 특혜 관세 혜택을 받았고, 그 일부를 유럽으로 수출할 수 있었다. 황금알을 낳는 석유 덕분에 벨라루스 정

부는 경제 개혁에 신경쓰지 않아도 사회적 안정을 유지할 수 있었다. 푸틴이 정권을 잡자 통일을 가속화하라는 압력이 거세졌다. 러시아는 벨라루스의 에너지 의존성을 미끼로 삼았다. 그 밖에도 러시아는 벨라루스를, 확장일로에 있는 나토에 맞설 보루로 인식했다.

유럽과의 양면적 관계
1996년 헌법 개정 이후 2001년, 2006년, 2010년, 2015년, 그리고 2020년에 재선된 루카셴코 대통령은 러시아 의존성을 줄이기 위해 유럽연합과의 거리를 좁히려 했다. 그러나 그가 독재 권력

1921

소련을 구성한
공화국

리가
벨라루스
모스크바
소련
빌뉴스
민스크
베를린
폴란드
키이우
크라쿠프
우크라이나

1991

독립한 벨라루스
공화국

에스토니아
러시아
리가 라트비아
모스크바
리투아니아
빌뉴스 민스크
러시아
베를린
폴란드
벨라루스
크라쿠프
키이우
우크라이나

을 휘두르고 반정부 인사들을 폭력적으로 억압했기 때문에 그의 시도는 여러 차례 실패했다.

2009년 벨라루스는 유럽연합이 제안한 동방 파트너십에 가입했다. 그러나 2010년 루카셴코의 재선에 반대하는 시위가 폭력적으로 진압되자 유럽연합은 2011년 무기 금수 조치를 결정했고, 정권의 대표적인 인사들에게 제재를 가했다. 제재 대상에는 루카셴코 대통령도 포함되었다(자산이 동결되고 유럽연합 입국이 금지되었다). 2014년 벨라루스는 유럽연합이 제안한 준회원협정을 거부하고 러시아, 카자흐스탄과 함께 유라시아경제연합 창설에 참여했다. 그러다가 우크라이나 위기에서 중재 역할을 자처하고 몇몇 반정부 인사를 석방해서 2016년 대통령 자신과 일부 대상자들에 대한 제재 완화에 성공했다.

2020년 8월 9일 루카셴코가 또다시 대통령에 당선되자 벨라루스에서는 전례 없는 시위가 벌어졌다. 시위자, 언론, 비정부기구에 대한 대규모의 폭력적인 진압이 벌어지자 유럽연합 회원국들은 새로운 제재 이행을 요구했다. 일부 국가는 벨라루스가 러시아 쪽으로 완전히 기울까 봐 루카셴코 대통령만 직접 겨냥하기를 원하기도 했다. 러시아가 벨라루스 정권을 도와 상황을 안정시키자 맏형 러시아의 후견은 더 강화되었다.

2022년 우크라이나에서 전쟁이 터졌을 때 벨라루스는 전략적 줄서기를 선택했다. 우크라이나로 진군하는 러시아 군대에 길을 열어준 것이다. 한편 2022년 2월 26일 벨라루스는 국민투표를 통해 핵무기 배치가 가능해졌고, 이에 유럽연합은 우려를 나타내고 있다. 이 국민투표는 대통령의 권한도 강화하여, 푸틴처럼 루카셴코도 2035년까지 집권이 가능해졌으며 평생 면책 특권을 누리게 되었다.

벨라루스에는 러시아식 독재 정권이 완전히 자리를 잡았고, 러시아에 대한 의존성이 강해지면서 조금씩 러시아에 예속되고 있다.

프란체스카 파토리

두 강대국에 둘러싸인 전략 지역, 중앙아시아

석유와 천연가스가 풍부한 중앙아시아는 이미 운송관을 확보한 러시아와, 경제성장으로 에너지 수요가 큰 중국이 벌이는 대결의 장이 되었다.

중국은 서부 지역의 안전을 위해 중앙아시아에 진출했다.

피할 수 없는 투자자
- 상하이협력기구 회원국
- 중국 기반시설
- 신실크로드

대외부채 지불액(2019년, 단위 : 달러)과 중국 비중

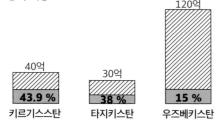

주변 지역의 안정 도모
- '신실크로드'가 지나가는 지역 (중국이 이슬람 소수민족을 대거 억류하며 억압하고 있다)
- 중국과의 국경에 위치한 검문소

반중 감정 악화
- 2018년 1월~2020년 8월 31일 반중 시위

과거 영향권에서 힘을 잃어가는 러시아

- 구소련 국경
- 독립국가연합(CIS) 회원국
- 유라시아경제연합 회원국

독립국가연합 회원국의 러시아 및 중국에 대한 천연가스 수출 비중

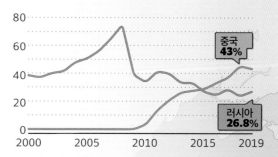

중국 및 러시아에 대한 수입 비중(단위 : %)

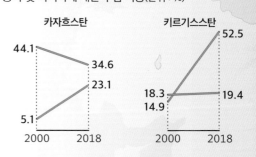

출처 : Niva Yau Tsz Yan, "Operation reality of the belt and road initiative in Central Asia"(OSCE) ; M. Izady, Gulf2000 Project (컬럼비아대학교) ; 세계은행 ; 국제투명성기구 ; 민주주의 지수 2020(《이코노미스트》) ; 《세계에너지통계리뷰 2020》(BP) ; 경제복합성관측소 ; Central Aisa Protest Tracker(The Oxus Society for Central Asian Affairs) ; 《르몽드》

중앙아시아는 세계 최대의 석유 및 천연가스
매장량을 자랑한다.

가스전
주요 가스관
건설 계획 중인 가스관
유전
주요 송유관

러시아

서 시 베 리 아

예카테린부르크
옴스크 원
노비시비르스크

아스타나
카라간다

알 타 이 산 맥

악퇴베

카자흐스탄

카 자 흐 스 탄 스 텝

바흐티

아티라우

아스트라한

중국-카자흐스탄 송유관

발 하 시 호

아라산커우

호르고스(휘얼궈쓰)

우루무치

키질로르다

아 랄 해

우즈베키스탄

악타우

비슈케크
알마티

이 식 쿨 호

카 스 피 해

카스피해 횡단 가스관

동서 가스관

타슈켄트

키르기스스탄

아트바시

타 림 분 지

튀르크멘바시

카 라 쿰 사 막

투르크메니스탄

사마르칸트

중국-중앙아시아 가스관

토루가르트

카슈가르

이르케슈탐

두샨베

타지키스탄

중국

신 장 위 구 르 자 치 구

아시가바트

테헤란

이란

마슈하드

아프가니스탄

히 말 라 야 산 맥

100 km

독립 후 독재 정권이 들어선 옛 소련 공화국들

✳ 혁명

투르크메니스탄

| 사파르무라트 니야조프(1990년 11월~2006년 12월 재임) | 구르반굴리 베르디무하메도프(2006년 12월~2022년 3월 재임) |

세르다르 베르디무하메도프
(2022년 3월~현재 재임)

타지키스탄

| 에모말리 라흐몬(1992년 11월~현재 재임) |

카자흐스탄

| 누르술탄 나자르바예프(1990년 4월~2019년 3월 재임) |

카심조마르트 토카예프
(2019년 3월~현재 재임)

우즈베키스탄

| 이슬람 카리모프(1991년 9월~2016년 9월 재임) |

샤브카트 미르지요예프
(2016년 9월~현재 재임)

키르기스스탄

| 아스카르 아카예프(1990년 10월~2005년 3월 재임) | ✳쿠르만베크 바키예프✳ | 알마즈베크 아탐바예프 | ✳ |

사디르 자파로프
(2021년 1월~현재 재임)

1990　　　　2000　　　　（2005년 8월~　　2010（2011년 12월~2017년 11월 재임）　2020 2022
　　　　　　　　　　　2010년 4월 재임）

소론바이 젠베코프　　　권한대행
(2017년 11월~2020년 10월 재임)

서계의 주요 무역로 및 전략 지역에서 멀리 떨어진 중앙아시아는 제정 러시아와 대영 제국이 이 지역 패권을 차지하려고 벌였던 그레이트 게임 시대인 19세기까지 누렸던 위상을 잃은 지 오래다. 내륙 지역인 중앙아시아를 노리는 이유는 천연자원, 특히 에너지 자원 때문이다. 석유와 천연가스는 소련 시절부터 가스관과 송유관 망을 통해서 수출되고 있다. 그러나 높은 경제성장을 이루고 있는 중국이 카자흐스탄을 중심으로 석유와 천연가스 개발, 그리고 이 에너지 자원을 국경 지역인 신장위구르 자치구까지 운송하기 위한 운송망 시설 건설에 투자하기 시작했다. 러시아와 중국의 경쟁 관계를 완화하려는 누르술탄 나자르바예프 카자흐스탄 대통령(1991~2019년 재임)은 자국의 경제적 이익을 지키면서 도 상대국들과 균형 있는 협력을 추구하는 '멀티벡터리즘(multivectorism)' 외교 정책을 펼쳤다.

'신실크로드'의 길목에서

소련의 그림자에서 벗어났을지라도 중앙아시아 국가들은 안보 수호자의 역할을 되찾은 러시아의 영향력에 매우 의존적이지만, 러시아의 입지는 언제나 중국 때문에 큰 위협을 받고 있다. 한편 중국 입장에서 중앙아시아는 자국 경제성장에 필요한 상품과 자원이 거쳐 갈 통로인 실크로드 프로젝트에 없어서는 안 될 요소다. 중앙아시아는 중국의 서부 지역을 안정화하는 수단이기도 하다. 2001년 러시아, 중국, 중앙아시아 국가들은 상하이협력기구를 발족했다. 아시아 대륙의 취약 지역인 중앙아시아에서 특히 이슬람의 과격화를

민주주의 지수(2020년)

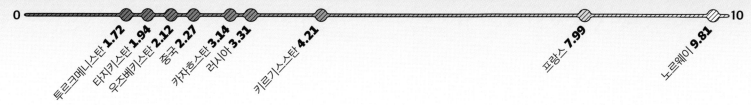

0 —— 10

투르크메니스탄 **1.72**
타지키스탄 **1.94**
우즈베키스탄 **2.12**
중국 **2.27**
카자흐스탄 **3.14**
러시아 **3.31**
키르기스스탄 **4.21**
프랑스 **7.99**
노르웨이 **9.81**

부패 인식 지수(2020년, 단위 : 위)

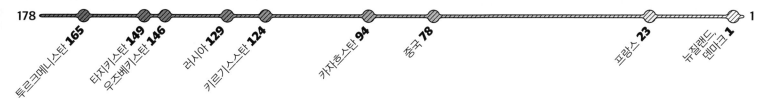

178 —— 1

투르크메니스탄 **165**
타지키스탄 **149**
우즈베키스탄 **146**
러시아 **129**
키르기스스탄 **124**
카자흐스탄 **94**
중국 **78**
프랑스 **23**
뉴질랜드, 덴마크 **1**

막아 안전을 도모하는 것이 목적이다. 러시아든 중국이든, 체첸과 신장위구르 자치구에서 이슬람의 과격화가 자국의 안정을 무너뜨릴 것을 우려한다.

긴장 고조에도 불구하고

타지키스탄 내전(1992년)을 제외하면 소련의 내부 붕괴는 평화로운 방법으로 이루어졌다. 그러나 긴장의 원인은 아직 남아 있었다. 제정 러시아 때로 거슬러 올라가는 자유분방한 국경선(특히 타지키스탄과 키르기스스탄의 유혈 충돌을 불러일으킨 수많은 내륙 지역의 경계선), 민족 분쟁, 천연자원 접근권, 이슬람 과격화 등이 그것이다. 우즈베키스탄, 타지키스탄, 키르기스스탄 3개 국가가 나눠 가진, 인구도 많은 페르가나 분지는 긴장의

진원지였다.

그 3개국 가운데 활력 넘치지만 혼란스러운 민주주의 국가 키르기스스탄은 시민들의 시위로 세 명의 대통령을 물러나게 한(2005년, 2010년, 2020년), 역내 보기 드문 국가다. 다른 국가들은 소련 공산당 간부 출신 독재자들이 오랫동안 통치했거나 현재도 그런 독재자를 기꺼이 숭배하는 체제들이다. 2022년 1월 카자흐스탄 국민들이 휘발유 가격 상승에 분노해 벌인 시위도 정권 자체를 문제 삼지는 않았다. 동맹 러시아가 시위대 진압을 도운 것도 원인이었다. 그러나 우크라이나 전쟁이 일어나자 러시아와 어느 정도 거리를 두고 있기도 하다.

브누아 비트킨 & 프랑크 테타르

장기 집권과 친러 행보의 결합

20년 넘게 러시아의 정권을 잡고 있는 푸틴은 옛 소비에트 연방 공화국들의
지도자들과 마찬가지로 권력을 쥐고 놓지 않는다. 소비에트 연방의 해체는
발트 3국을 제외하면, 반드시 민주주의로의 체제 전환을 낳지는 않았다.

1991년 소비에트 연방의 뒤를 이은 독립국가연합에서 민주주의 체제로의 전환은 쉽지 않았다. 정치 권력 대부분이 소련 시절 공산당 간부 출신들의 손에 남아 있어서, 구소련의 중앙집권적 통치 방식과 독재 모델을 고수했기 때문이다. 투르크메니스탄이 아마 가장 상징적인 사례일 것이다. 사파르무라트 니야조프는 투르크메니스탄 공산당의 지도자였다가 대통령으로 선출되었는데(1991~2006년 재임), 러시아와 서방의 영향력에서 떨어져 나와 권력을 중앙에 집중시키면서 자신을 '투르크멘바시'(투르크메니스탄인들의 아버지)로 숭배하도록 했다. 이후 600만 명에 달하는 국민에게서 시민권, 종교의 자유, 언론의 자유를 박탈하는 등 철권 통치를 펼쳤다. 2006년에 그가 사망하자 부총리였던 구르반굴리 베르디무하메도프가 '아르카다그'(보호자)라는 이름으로 국가 수반이 되었고, 2022년 3월 사임하면서 아들인 세르다르에게 대통령의 자리를 물려주었다. 이로써 세습 왕조와 같은 권력 승계가 이루어졌다. 아제르바이잔 상황도 별반 다르지 않다. 일함 알리예프는 2003년 아버지에게서 대통령직을 물려받아 석유가 풍부한 캅카스의 작은 나라 아제르바이잔을 통치하고 있다. 조지아, 우크라이나, 키르

기스스탄이 2003~2005년에 혁명을 겪으면서 소련식 구체제의 몰락과 정권 교체를 이루었다면, 독립국가연합의 나머지 회원국 지도자들은 최장기 집권 기록을 갈아치웠다. 에모말리 라흐몬은 1992년부터 타지키스탄의 대통령직을 고수하고 있고, 알렉산드르 루카셴코는 1994년부터 벨라루스의 최고 통치권자다. 우즈베키스탄의 이슬람 카리모프 대통령은 소련 붕괴 이후 2016년 사망 전까지 권력을 놓지 않았다. 누르술탄 나자르바예프는 29년 동안 다섯 번 대통령에 선출되어 카자흐스탄을 통치하다가 2019년에 사임했다.

러시아의 오랜 동맹들

이웃이 된 국가들에 대한 영향력을 잃고 싶지 않은 러시아로서는 자국에 우호적인 독재자들이 권력을 유지하는 것이 신뢰 관계를 맺는 데 유리했다. 이 관계는 경제뿐 아니라 군사 협력으로도 이어졌다. 2015년 출범한 유라시아경제연합은 유럽연합과 비슷한 단일 시장을 형성하는 것이 목적이었으나, 러시아를 중심으로 벨라루스, 카자흐스탄, 키르기스스탄, 아르메니아만 모을 수 있었다. 특히 아르메니아는 우크라이나가 유럽연합 가입을 선호하자 러시아에 의해 강제로 가입하게

되었다. 유라시아경제연합은 기대했던 역할을 제대로 수행하지 못하고 있다. 회원국들이 러시아와의 양자 교류를 더 원하기 때문이다. 결국 유라시아경제연합은 "러시아의 지배를 소련식으로 회복하려는 도구"로 인식되고 있다고, 러시아국제문제위원회(RIAC) 사무총장 안드레이 코르투노프는 평했다. 러시아는 사회 모델이나 경제 모델을 제안하는 것이 아니라, 이미 보유한 광물 자원과 에너지 자원을 활용하는 경제 모델을 보여주기 때문이다.

군사 분야에서는 5개국(아르메니아, 벨라루스, 카자흐스탄, 키르기스스탄, 타지키스탄)이 2002년부터 집단안보조약기구를 통해 러시아와 관계를 맺고 있다. 튀르크계의 조지아와 아제르바이잔을 이웃으로 둔 아르메니아로서는 안보 문제가 매우 중요하다. 아르메니아는 독립 이후 아제르바이잔 영토지만 자국 국민이 주민의 대다수를 이루는 나고르노카라바흐 지역을 둘러싼 갈등 때문에 이 두 나라와 교류가 거의 없었다. 카자흐스탄의 집권 세력은 집단안보조약 덕분에 2022년 1월 휘발유 가격 인상에 반발하는 전국 시위를 진압하는 데 러시아의 도움을 구할 수 있었다. 그러나 러시아의 충실한 동맹국이었던 카자흐스탄은 우크

라이나에 관한 정책 때문에 러시아와 거리를 두는 것으로 보인다.

다른 강대국들과의 경쟁 심화

구소련 지역과의 제도화된 협력에도 불구하고 언어, 문화, 정치, 경제 등 모든 분야에서 러시아의 영향력은 줄어들고 있다. 중국, 튀르키예, 미국, 유럽연합의 역내 진출이 더 강화되는 추세다. 지난 10년 동안 '신실크로드' 프로젝트를 통해 중국은 중앙아시아의 가장 중요한 혹은 주요한 경제 및 투자 파트너가 되었다. 튀르키예는 이 지역과 캅카스 지역의 튀르키예어 사용 국가들과 관계를 맺고 있으며, 2020년에는 아르메니아가 통제한 나고르노카라바흐 지역을 되찾으려는 아제르바이잔에 군사 지원을 했다. 한편 유럽연합은 동방 파트너십을 통해 2009년 구소련 6개국(아르메니아, 아제르바이잔, 벨라루스, 조지아, 우크라이나, 몰도바)과 정치·경제 협력을 제도화했다.

몰도바는 이웃 국가 루마니아처럼 루마니아어를 사용하는데, 1991년 독립 당시 트란스니스트리아 지역에 주로 거주하는 러시아어 사용 주민들이 루마니아와의 합병을 우려해 긴장 사태가 초래되었다. 이때 러시아 제14군의 도움을 받아

에스토니아
라트비아
리투아니아
러시아
벨라루스
유럽연합
우크라이나
카자흐스탄
키르기스스탄
몰도바
우즈베키스탄
타지키스탄
투르크메니스탄
조지아
아르메니아
아제르바이잔
● 유럽연합 회원국
● 준회원협정 체결국
◎ 구소련 국경선
국가명 독립국가연합 회원국

트란스니스트리아 지역은 분리주의 세력이 되었고, 실질적으로 러시아의 영향을 받는 국가가 되었다. 러시아는 이 지역을 러시아 연방에 포함하겠다고 위협하며 몰도바 정부에 영향력과 압력을 행사하고 있다. 이러한 상황에서 유럽연합과 가까워지려는 몰도바는 러시아의 비위를 건드리지 않으려 애쓰고 있다. 그렇지 않으면 긴장 악화와 경제 제재라는 대가를 치러야 하기 때문이다. 실제로 2014년에 몰도바가 유럽연합과 준회원협정을 맺은 뒤 러시아는 몰도바 농식품에 대해 금수 조치를 했다. 2020년 11월 친러 성향의 이고르 도돈 대통령의 뒤를 이은 친유럽 성향의 마이아 산두 몰도바 대통령은 러시아의 방해를 견뎌야 했다. 2021년 10월 러시아 국영 가스 회사인 가스프롬이 몰도바행 천연가스 운송량을 줄였을 뿐만 아니라 가격까지 올려, 힘든 협상 끝에 겨우 새로운 협정을 맺을 수 있었다.

2022년 2월 우크라이나 전쟁을 일으킨 푸틴은 벨라루스 영토를 개방해준 루카셴코라는 비중 있는 동맹을 얻었고, 투르크메니스탄의 신임 대통령도 러시아 군대의 즉각 철수를 요구하는 국제연합 결의문에 투표하지 않았다. 다른 러시아의 동맹국들에서도 중립적 입장이 대세인 것으로 보인다.

프랑크 테타르

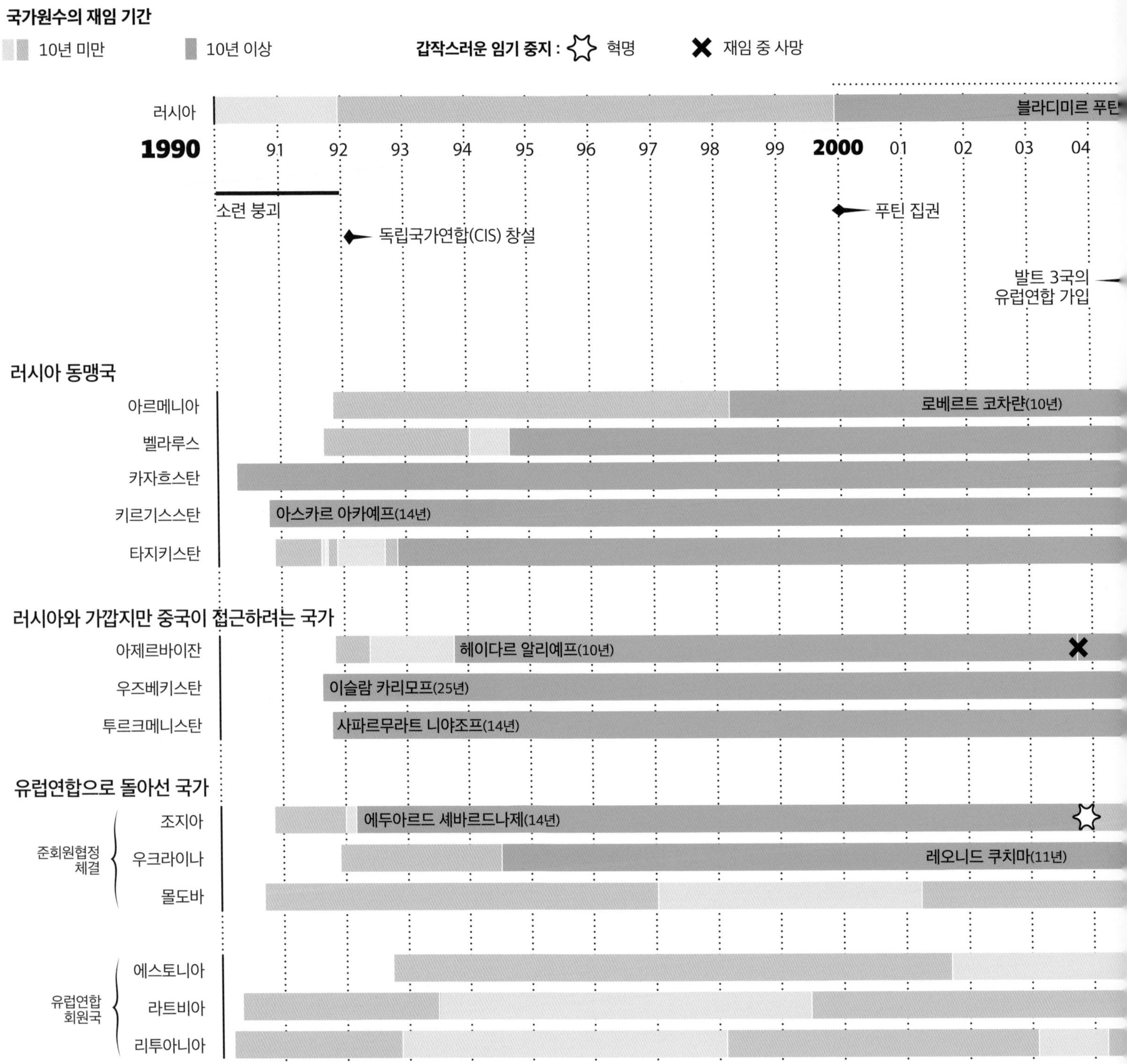

10년 미만   10년 이상   갑작스러운 임기 중지 : ☆ 혁명   ✖ 재임 중 사망

러시아   블라디미르 푸틴

1990 91 92 93 94 95 96 97 98 99 **2000** 01 02 03 04

소련 붕괴

◆ 독립국가연합(CIS) 창설

➤ 푸틴 집권

발트 3국의
유럽연합 가입 ◀

러시아 동맹국

아르메니아   로베르트 코차랸(10년)

벨라루스

카자흐스탄

키르기스스탄   아스카르 아카예프(14년)

타지키스탄

러시아와 가깝지만 중국이 접근하려는 국가

아제르바이잔   헤이다르 알리예프(10년)   ✖

우즈베키스탄   이슬람 카리모프(25년)

투르크메니스탄   사파르무라트 니야조프(14년)

유럽연합으로 돌아선 국가

조지아   에두아르드 셰바르드나제(14년)   ☆

준회원협정
체결 { 우크라이나   레오니드 쿠치마(11년)

몰도바

에스토니아

유럽연합
회원국 { 라트비아

리투아니아

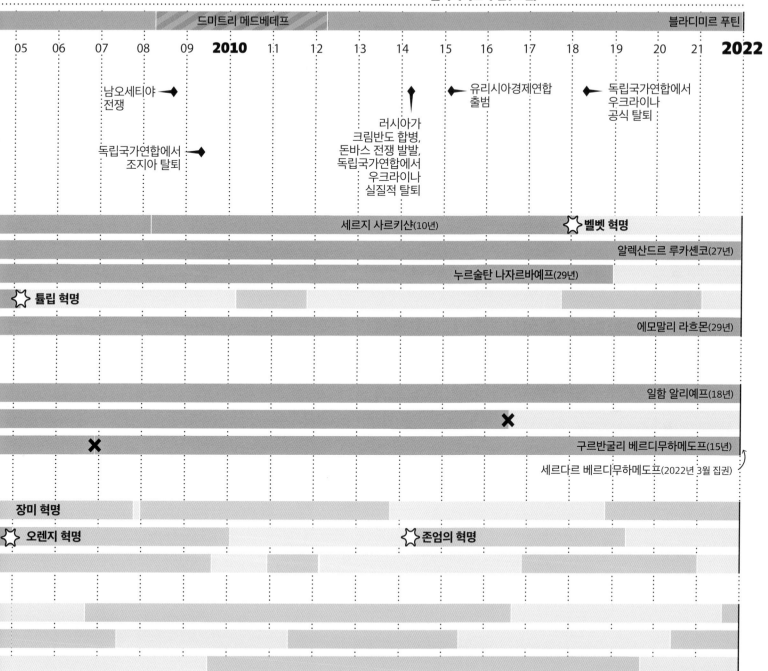

블라디미르 푸틴(23년)

드미트리 메드베데프 | 블라디미르 푸틴

05 06 07 08 09 **2010** 11 12 13 14 15 16 17 18 19 20 21 **2022**

남오세티야
전쟁

유라시아경제연합
출범

독립국가연합에서
우크라이나
공식 탈퇴

러시아가
크림반도 합병,
돈바스 전쟁 발발,
독립국가연합에서
우크라이나
실질적 탈퇴

독립국가연합에서
조지아 탈퇴

세르지 사르키샨(10년) | ☆ 벨벳 혁명

알렉산드르 루카셴코(27년)

누르술탄 나자르바예프(29년)

☆ 튤립 혁명

에모말리 라흐몬(29년)

일함 알리예프(18년)

✖

✖ 구르반굴리 베르디무하메도프(15년)

세르다르 베르디무하메도프(2022년 3월 집권)

장미 혁명

☆ 오렌지 혁명 ☆ 존엄의 혁명

중국으로 방향을 튼 러시아

소련 시절에도 러시아는 유럽 국가들을 경제 파트너이자 석유와 천연가스를 구매하는 고객으로 대했다.
2014년 크림반도 합병으로 이러한 판도가 바뀌자 러시아는 아시아와의 관계를 발전시킨다.

역사적으로 유럽과 가까웠던 러시아가…

러시아 지역별 인구 밀도(단위 : 명/km²)

3　15　30　50　4875

유럽으로 치중된 기반시설

유럽으로 가는 주요 가스관
- ▦ 운행 중 　 ▦ 운행 중지
- ＝ 러시아의 주요 도로
- ∴ 주요 석유 및 천연가스 매장지

러시아의 수출국
(2019년, 단위 : 1억 달러)

- **중국** **580**
- **유럽연합** **1740**
- 1750 기타 국가
- 미국 140

이제 중국과 가까워지고 있다.

신설 기반시설
- ▭ 운행 중인 가스관
- ▰ 건설 계획 중
- ⬡ 러시아 내 '신실크로드' 주요 광산 프로젝트
- ◈ 대규모 천연가스 액화 시설
- ⋯ 유라시아 고속철도 건설 계획
- ◈ 도로 교량
- ◈ 철도 교량

2014년부터 서방의 제재가 증가하자 러시아는 중국과 가까워지기 시작한다.

러시아의 중국 수출 비중(단위 : %)

- 4.8　2000
- 5.2　2005
- 5.5 / 7.5 `2011` 최초의 중국-러시아 송유관 개통 / 리비아와 시리아를 두고 러시아와 서방의 갈등 심화 　2010
- 8.8 `2014` 러시아의 크림반도 합병과 서방의 제재 시작
- 12.7 `2018` 미국의 중국 제재
- **14.9%** 15
- 13.6　12
- 2020

유럽연합

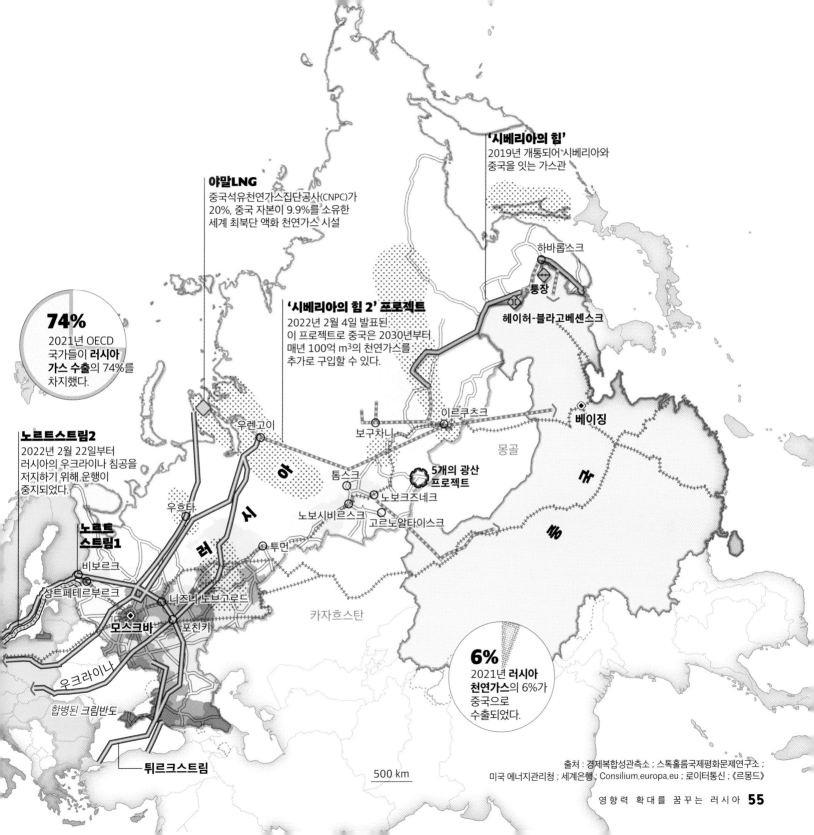

야말LNG
중국석유천연가스집단공사(CNPC)가
20%, 중국 자본이 9.9%를 소유한
세계 최북단 액화 천연가스 시설

'시베리아의 힘'
2019년 개통되어 시베리아와
중국을 잇는 가스관

하바롭스크

통장

헤이허-블라고베셴스크

'시베리아의 힘 2' 프로젝트
2022년 2월 4일 발표된
이 프로젝트로 중국은 2030년부터
매년 100억 m³의 천연가스를
추가로 구입할 수 있다.

74%
2021년 OECD
국가들이 **러시아
가스 수출**의 74%를
차지했다.

이르쿠츠크

베이징

우렌고이

보구차니

몽골

노르트스트림2
2022년 2월 22일부터
러시아의 우크라이나 침공을
저지하기 위해 운행이
중지되었다.

우흐타

톰스크

**5개의 광산
프로젝트**

중

노보크즈네크

**노르트
스트림1**

노보시비르스크

고르노알타이스크

비보르크

투먼

상트페테르부르크

니즈니 노브고로드

모스크바

포친키

카자흐스탄

6%
2021년 **러시아
천연가스**의 6%가
중국으로
수출되었다.

우크라이나

합병된 크림반도

튀르크스트림

500 km

출처 : 경제복합성관측소 ; 스톡홀름국제평화문제연구소 ;
미국 에너지관리청 ; 세계은행 ; Consilium.europa.eu ; 로이터통신 ;《르몽드》

러시아와 일본이 영유권을 주장하는 쿠릴 열도

쿠릴 열도를 둘러싼 러시아와 일본의 영유권 분쟁은 1945년 이후 여전히 해결되지 않았다.
일본은 열도의 남쪽에 있는 4개 섬에 대한 영유권을 주장하고 있어서 두 국가 간 강화 조약을
맺지 못하고 있으며, 이 문제는 무역 관계 강화에도 장애가 되고 있다.

1855
러일 화친 조약

양국의 국경을 우루프섬과
에토로후섬으로 설정했고
사할린섬에 관해서는 불명확하게
경계를 설정했다.

1875
상트페테르부르크 조약

러시아가 사할린섬 전체에 관한
영유권을 갖고 일본은 쿠릴 열도
전체에 관한 영유권을 갖게 되었다.

1905
포츠머스 조약

일본이 러일전쟁(1904~1905년)에서
승리했다. 러시아는 사할린섬의
절반에 해당하는 북위 50도 이남
지역을 일본에 넘겼다. 쿠릴 열도에
대한 일본의 영유권은 변하지 않았다.

1945
얄타 회담

1945년 소련은 일본에 전쟁을
선포하고 사할린섬 이남 지역과
쿠릴 열도 전체를 합병했다. 일본
주민 1만 7000명이 망명자
신세가 되었다.

반세기 동안 지속된 영유권 분쟁

- 일본이 영유권을 주장하는
  러시아의 영토 및 영해
- 러시아 영토
- 일본 열도
  배타적 경제 수역(EEZ) :
- 일본   러시아
  일본의 EEZ 확장 요구 지역
- 러시아 주민 2만 명 거주지 및
  새로운 주택 건설
- 무인도에 가까운 섬. 러시아가 일본에 반환을
  제안하고 있으나 일본이 열도 전체의 반환을
  요구하며 러시아의 제안을 거부한 지역

러시아에게 전략적인 섬

- 러시아 기지(병사 약 3500명 주둔)
- 러시아의 해안 방어 체계
- 러시아가 태평양 함대를 위한
  해군 기지 건설을 원하는 지역
- 석유/천연가스 또는 희토류(레늄)
  매장 가능 지역
- 태평양 함대 선적항
- 러시아의 주요 태평양 접근로
- 국가명 러시아의 이익 관련국
- 국가명 미국 동맹국
- 미군 주둔 기지

러 시 아

오호츠크해

캄차카반도

빌류친스크

사할린섬

쿠 릴 열 도

북 한

블라디보스토크

태 평 양

동 해

홋카이도

일 본

혼 슈

도쿄

대한민국

시코쿠

규 슈

우크라이나 전쟁으로 인한 긴장 악화

2022년 1월 말 러시아 함대의 군사 훈련

우크라이나 침공 즉시 가해진 러시아 제재. 러시아는 일본의 '비우호적 입장'을 비난하고 쿠릴 열도 관련 회담을 중단했다.

러시아와 일본의 해양 플랫폼 에너지 프로젝트. 일본은 러시아산 석탄 수입 중단에도 불구하고 프로젝트 진행을 원한다.

숨슈 (슈무슈)
아틀라소프 (아라이도)

파라무시르 (호로무시로)

오네코탄 (온네코탄)

시아시코탄 (샤스코탄)

하림코탄 (하리무코탄)

케토이 (케토이)

마투아 (마츠와)

우루프 (우룻푸)

라스슈아 (라슈와)

시무시르 (시무시루)

이투루프 (에토로후)

치르포이 (시리호이)

쿠나시르 (구나시리)

시코탄 (시코탄)

하보마이 (하보마이)

오호츠크해

쿠 릴 열 도

태 평 양

출처 : Jin-Mieung Li, *Hérodote*, n°141, 2011 ; D. Ortolland, *Atlas géopolitique des espaces maritimes* (Technip, 2010) ; 스트랫포 ; AFP ; 《르몽드》

'러시아의 아프리카'를 향하여

무기, 곡물, 석유, 천연가스의 수출과 군사적 지원 등 아프리카에서 러시아의 영향력이 날로 커지고 있다. 러시아는 이 지역에서 옛 식민 강대국들과 경쟁하면서 서방의 가치와는 거리가 먼 역모델을 제안한다.

알제리

알제리는 2021년 아프리카에서 러시아의 무기를 가장 많이 사들인 나라였고, 러시아의 새로운 밀 수출 시장으로서 잠재성을 보여준 나라였다. 우크라이나 침공이 시작되고 러시아산 천연가스 금수 조치가 단행되자 알제리는 유럽으로 수출할 생산 물량을 늘림으로써 새로운 기회를 맞이했다.

말리

2021년 집권한 군사 정권은 외국 군대들을 영토 밖으로 몰아냈다. 이후 말리의 군대와 러시아의 준군사조직인 바그너 그룹은 민간인들을 상대로 수탈을 자행했다. 그로 인해 2022년 1월에서 3월까지 살해된 사람의 수가 341퍼센트나 증가했다. 바그너 그룹 소속 용병들은 프랑스 군대가 옛 고시 기지에 시체를 무더기로 묻었다는 가짜 뉴스를 퍼뜨렸다.

남아프리카공화국

시릴 라마포사 대통령은 우크라이나를 침공한 러시아를 비난했다. 그러나 전 세계적인 인플레이션과 석유 및 천연가스 가격 상승으로 인해, 싼 가격에 석유를 공급할 러시아에 고개를 숙였다.

이집트

이집트는 흑해에 발이 묶인 러시아산 밀의 대체재를 찾아야 했다. 러시아산 밀은 이집트 밀 수입량의 60퍼센트를 차지한다. 이집트 정부는 세계 3위의 밀 수출국인 인도의 밀을 수입하려 했으나 가뭄으로 인해 상황이 복잡해졌다.

리비아

러시아의 리비아 투자는 석유 산업 중심으로 재개되었지만, 리비아의 정치적 상황은 여전히 불안정하다. 대통령 선거는 2021년 12월 이후 중단된 상태다. 대선 후보 중에는 리비아 정부군의 지휘관인 칼리파 하프타르가 있다. 그는 2019년과 2020년에 트리폴리를 점령하려 했으며 러시아의 지지를 받는 인물이다.

수단

2021년 10월 알부르한 장군이 벌인 쿠데타 이후, 수단은 그 어느 때보다 친러 성향을 보인다. 포트수단에 러시아 해군 기지 건설을 두고 현재 협상이 진행 중이다. 수단 정부는 러시아의 우크라이나 침공에 대해 비난하지 않았다.

에리트레아

러시아는 에리트레아에 병참 기지를 건설할 계획을 포기했지만, 에리트레아는 2022년 3월 국제연합에서 우크라이나 침공을 비난하는 결의안 투표에서 러시아를 지지했다.

소말리아

가뭄과 정치 불안정으로 고통을 겪는 소말리아는 영양실조에 시달리는 국민을 먹여 살리려고 밀 수입에 의존하는 파산 국가다. 2021년 러시아와 우크라이나산 밀에 대한 소말리아의 밀 수입 의존도는 100퍼센트다.

서방의 제재에 맞서 러시아는 아프리카와 관계를 좁히고 있고…

군사

■ 러시아와 군사 협력 협정을 맺은 국가

바그너 그룹 같은 러시아의 민간 군사 조직이 있는 국가

경제
러시아의 투자 분야

원자력

석유와 천연가스

광물과 금속

정치
2022년 3월 2일 국제연합 회원국들이 러시아의 우크라이나 침공을 비난하는 결의문에 투표했다.

찬성
반대
기권
불참

아프리카의 독재 정권들은 러시아의 지원을 받는다.

불안정한 국가의 집권 세력 지원
 독재 정권 또는 파산국

 2022년 5월 프랑스 외무부가 본 불안정 지역

러시아에 대한 의존성 증가

□ 2017~2021년 러시아산 무기 수입국

2021년 러시아산 밀 수입 의존도가 30% 이상인 국가

출처 : 프랑스 외무부 ; 스톡홀름국제평화문제연구소 ; 국제연합 ; 블룸버그 리포팅 ; 컨트롤리스크 ;《이코노미스트》;《르몽드》

분쟁을 달구는 영구동토층 해빙

지구 온난화로 북극에 대한 새로운 경제 전망이 가능해졌지만,
석유와 천연가스 그리고 해상 교통을 둘러싸고 주변국들의 갈등이 커지고 있다.

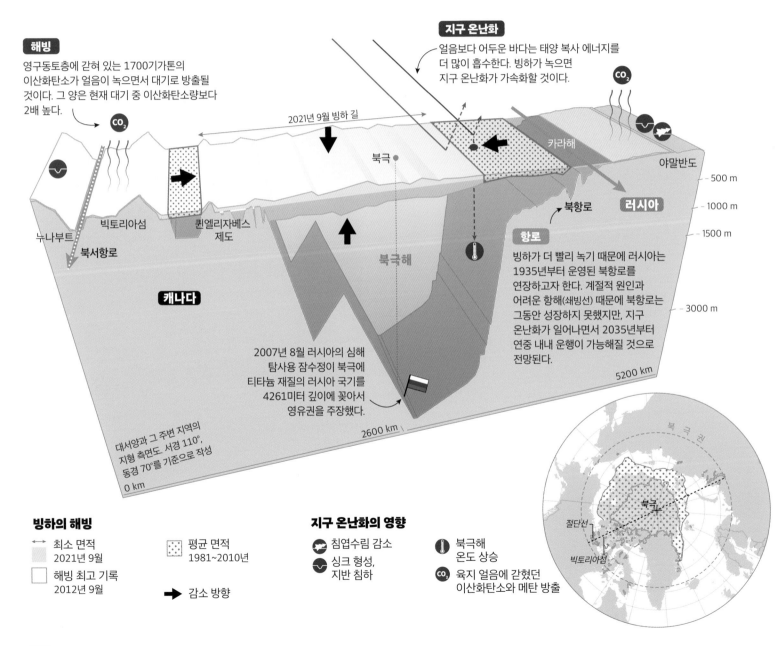

해빙

영구동토층에 갇혀 있는 1700기가톤의 이산화탄소가 얼음이 녹으면서 대기로 방출될 것이다. 그 양은 현재 대기 중 이산화탄소량보다 2배 높다.

지구 온난화

얼음보다 어두운 바다는 태양 복사 에너지를 더 많이 흡수한다. 빙하가 녹으면 지구 온난화가 가속화할 것이다.

2021년 9월 빙하 길

북극

카라해

야말반도

누나부트

빅토리아섬

퀸엘리자베스 제도

북서항로

북극해

캐나다

북항로

러시아

항로

빙하가 더 빨리 녹기 때문에 러시아는 1935년부터 운영된 북항로를 연장하고자 한다. 계절적 원인과 어려운 항해(쇄빙선) 때문에 북항로는 그동안 성장하지 못했지만, 지구 온난화가 일어나면서 2035년부터 연중 내내 운행이 가능해질 것으로 전망된다.

2007년 8월 러시아의 심해 탐사용 잠수정이 북극에 티타늄 재질의 러시아 국기를 4261미터 깊이에 꽂아서 영유권을 주장했다.

대서양과 그 주변 지역의 지형 측면도. 서경 110°, 동경 70°를 기준으로 작성

0 km

2600 km

5200 km

500 m
1000 m
1500 m
3000 m

빙하의 해빙

- ←→ 최소 면적 2021년 9월
- ☐ 해빙 최고 기록 2012년 9월
- ▨ 평균 면적 1981~2010년
- ➡ 감소 방향

지구 온난화의 영향

- 침엽수림 감소
- 싱크 형성, 지반 침하
- 북극해 온도 상승
- CO₂ 육지 얼음에 갇혔던 이산화탄소와 메탄 방출

북극권

북극

절단선

빅토리아섬

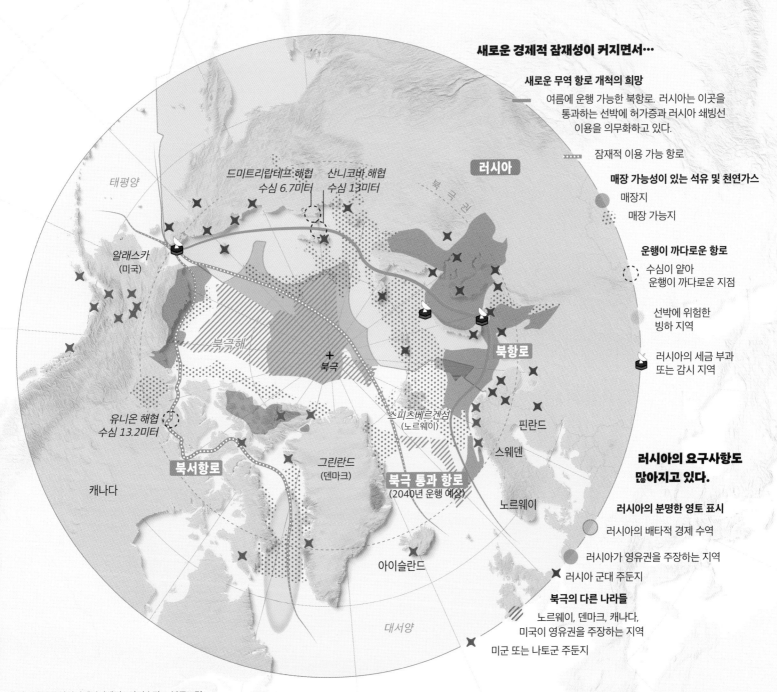

새로운 경제적 잠재성이 커지면서…

새로운 무역 항로 개척의 희망

여름에 운행 가능한 북항로. 러시아는 이곳을
통과하는 선박에 허가증과 러시아 쇄빙선
이용을 의무화하고 있다.

잠재적 이용 가능 항로

매장 가능성이 있는 석유 및 천연가스

매장지

매장 가능지

운행이 까다로운 항로

수심이 얕아
운행이 까다로운 지점

선박에 위험한
빙하 지역

러시아의 세금 부과
또는 감시 지역

태평양

드미트리랍테프 해협
수심 6.7미터

산니코바 해협
수심 13미터

러시아

북극권

알래스카
(미국)

북극해

+ 북극

북항로

유니온 해협
수심 13.2미터

북서항로

그린란드
(덴마크)

스피츠베르겐섬
(노르웨이)

핀란드

스웨덴

북극 통과 항로
(2040년 운행 예상)

노르웨이

**러시아의 요구사항도
많아지고 있다.**

러시아의 분명한 영토 표시

러시아의 배타적 경제 수역

러시아가 영유권을 주장하는 지역

러시아 군대 주둔지

캐나다

아이슬란드

대서양

북극의 다른 나라들

노르웨이, 덴마크, 캐나다,
미국이 영유권을 주장하는 지역

미군 또는 나토군 주둔지

출처 : 미국 국립설빙데이터센터 ; 아이슬란드 북극포털 ;
북극항로정보센터 ; 프랑스 낭트해양경제고등연구소 ; Arctis ;
라발대학교(퀘벡)

우주 정복

1957년 스푸트니크호를 발사하고 1961년 유리 가가린을 인류 최초로 우주에 보내면서
우주 정복의 선구자가 되었던 소련은 러시아에 여전히 우주 경쟁에 참여할 수 있는
우주항공 산업을 물려주었다.

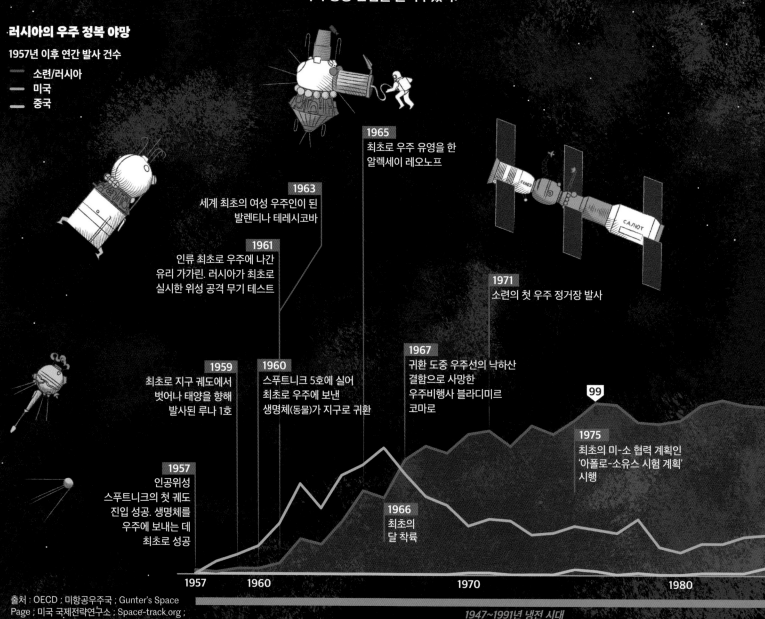

러시아의 우주 정복 야망

1957년 이후 연간 발사 건수

— 소련/러시아
— 미국
— 중국

1965
최초로 우주 유영을 한
알렉세이 레오노프

1963
세계 최초의 여성 우주인이 된
발렌티나 테레시코바

1961
인류 최초로 우주에 나간
유리 가가린. 러시아가 최초로
실시한 위성 공격 무기 테스트

1971
소련의 첫 우주 정거장 발사

1959
최초로 지구 궤도에서
벗어나 태양을 향해
발사된 루나 1호

1960
스푸트니크 5호에 실어
최초로 우주에 보낸
생명체(동물)가 지구로 귀환

1967
귀환 도중 우주선의 낙하산
결함으로 사망한
우주비행사 블라디미르
코마로

99

1975
최초의 미-소 협력 계획인
'아폴로-소유스 시험 계획'
시행

1957
인공위성
스푸트니크의 첫 궤도
진입 성공. 생명체를
우주에 보내는 데
최초로 성공

1966
최초의
달 착륙

1957   1960   1970   1980

출처 : OECD ; 미항공우주국 ; Gunter's Space
Page ; 미국 국제전략연구소 ; Space-track.org ;
미국 참여과학자모임의 인공위성 데이터베이스 ;
《르몽드》

1947~1991년 냉전 시대

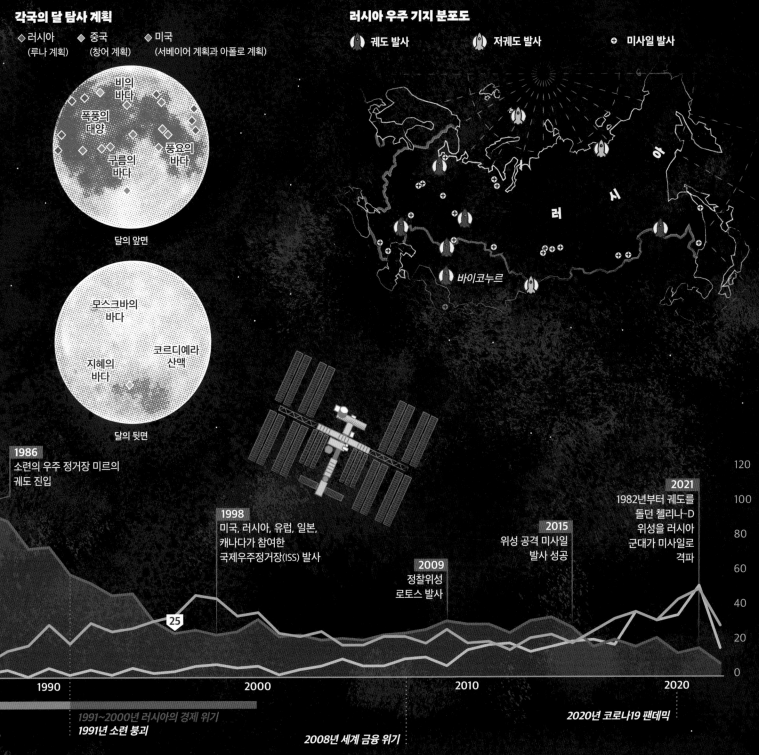

각국의 달 탐사 계획

◇ 러시아
(루나 계획)

◇ 중국
(창어 계획)

◇ 미국
(서베이어 계획과 아폴로 계획)

달의 앞면

비의
바다

폭풍의
대양

풍요의
바다

구름의
바다

달의 뒷면

모스크바의
바다

지혜의
바다

코르디예라
산맥

러시아 우주 기지 분포도

⚑ 궤도 발사　　⚑ 저궤도 발사　　✛ 미사일 발사

러　시　아

바이코누르

1986
소련의 우주 정거장 미르의
궤도 진입

1998
미국, 러시아, 유럽, 일본,
캐나다가 참여한
국제우주정거장(ISS) 발사

2009
정찰위성
로토스 발사

2015
위성 공격 미사일
발사 성공

2021
1982년부터 궤도를
돌던 첼리나-D
위성을 러시아
군대가 미사일로
격파

25

120

100

80

60

40

20

0

1990　　　　2000　　　　2010　　　　2020

1991~2000년 러시아의 경제 위기
1991년 소련 붕괴

2008년 세계 금융 위기

2020년 코로나19 팬데믹

우주 탐사를 서서히 외면한
러시아는…

소련의 달 탐사 계획은 1976년이
마지막이었다. 45년의 공백을 끝낸
러시아는 루나 25호를 발사해 달을
탐사할 계획이었다. 발사는 2022년에
예정되어 있었으나 우크라이나 침공으로
현재는 불투명한 상태다.

1965년 이후 우주에 나간
우주비행사 수

미국 ☐   소련/러시아 ☐

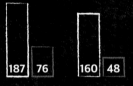

187	76	160	48
2000년 이전		2000년 이후	

2020년 우주 개발에 책정된 예산
(단위 : 1억 달러)

미국	476
중국	88
프랑스	40
러시아	35
독일	24
인도	20

군사적 목적의 우주 개발에 힘쓰고 있다.

정찰위성

리아나 계획의 정찰위성 : 로토스(인공위성)

리아나 계획은 1970년대 소련이 시행했던 우주
계획인 레젠다 계획의 후신이다. 로토스와 같이
자기 신호를 이용해 지상의 군사 시설과 부대
위치를 알아낼 수 있는 인공위성을 우주에
발사하는 것이 목적이었다.

요격

누돌 타입의 위성 요격용 미사일(ASAT)

사정거리가 약 850킬로미터에 달하는
반(反)위성 미사일은 대기를 뚫고 날아가
목표물 근처에서 폭발해 위성을 파괴한다.
2021년 러시아는 이 미사일을 사용해서
작동하지 않는 자국의 정찰위성 1기를
파괴했다. 이때 수많은 파편이 생겨
국제우주정거장을 위험에 빠뜨렸다.

사보타주

사이버 공격

인공위성을 통해 전달되는 데이터를 가로채거나 훼손할 수 있다. 지휘 시스템을 표적으로 사이버 공격을 펼쳐 적군의 위성을 제어할 수 있다.

전파 방해와 기만

군사용 차량에 장착된 전파 방해 장치는 인공위성과 수신자의 통신을 방해할 수 있다. 기만은 수신자에게 인공위성이 보내는 것처럼 가짜 신호를 보내는 것이다. 그렇게 해서 가짜 정보를 전달한다.

위성 신호

페레스베트

2018년에 발사한 레이저 무기 페레스베트는 드론, 탄도미사일, 저공 비행기를 무력화할 수 있다. 러시아 당국에 따르면 1500킬로미터 상공에 있는 적군 정찰위성의 기능을 마비시킬 수 있다.

전파 방해 신호

기만 신호

2019~2021년 궤도에 올린 군사 위성(단위 : 기)

프랑스 1
인도
중국 19
러시아 19
미국 46

우주의 군사화가 낳은 우주 폐기물은 점점 더 통제가 어려워지고 있다.
1957년 이후 우주에 떠도는 위성의 수

러시아	6598
미국	6301
중국	4025
프랑스	554
일본	286
인도	208

PARTIE 3

러시아와 나토의
정면승부

소련이 붕괴하면서 러시아는 다시
취약해졌다고 느꼈다. 기댈 언덕이
없어졌고, 남서부 국경까지 확장한 나토
회원국들에 포위되었기 때문이다.
러시아와 나토의 대치는 흑해 및
발트해에서 긴장과 위기를 불러일으켰다.

2008년의 첫 석 달은 미국과 러시아의 관계가 근본적인 변화를 맞는 시기였다.

첫 번째 사건은 코소보가 독립을 선언하고 러시아가 이를 거부한 일이었다. 푸틴은 "국제관계 시스템을 앞으로 수십 년, 아니 수백 년 동안 실질적으로 무너뜨릴 끔찍한 선례"라고 비난했고, "여기서 끝나지 않고 두 번째 선례가 터져 시스템을 정면 가격할 것이다"라고 덧붙였다. 이는 서방 지도자들을 향한 메시지였다. 서방 지도자들은 푸틴의 경고를 코소보 전쟁을 반대하는 러시아의 기존 입장 정도로 여겼다. 그리고 그것이 또 다른 실수였다.

나토 정상회의가 끝난 4월 초 푸틴은 나토-러시아 상설 공동위원회 참석의 일환으로 부쿠레슈티에 초청되었다. 이때 최종 발표문에는 약속이 담겨 있었다. 조지아와 우크라이나가 언젠가 나토에 가입한다는 것이었다. 나토 회원국들에 이는 애매한 타협안이었다. 문제를 기약 없이 미루기만 했기 때문이다. 반면 러시아에는 이것이 넘지 말아야 할 선이었다. 푸틴은 '거부권'까지는 주장하지 않았지만 러시아어를 사용하는 주민이 많은 우크라이나에서 자국의 '이익'을 보호하는 것이 정당하다고 판단했다. 러시아 세계…… 그는 "매우 복잡한 국가"를 말한 것이다. 그로부터 몇 주 뒤에 푸틴은 드미트리 메드베데프에게 정권을 내주고 총리에 머물렀다. 잠시 러시아의 문호 개방에 대한 희망이 싹트기 시작했으나 결국 그 불씨는 꺼지고 말았다.

8월 초 러시아 군대는 남오세티야와 압하지야를 지지하며 조지아를 침공했다. 2022년 우크라이나 침공 때도 그랬던 것처럼 러시아 당국은 해당 지역에서 '학살'이 벌어졌다고 주장했고, 국제연합 안전보장이사회가 허용한 '보호 책임'의 원칙을 핑계로 삼았다. 전쟁은 나흘 만에 끝났다. 당시 프랑스 대통령이었던 니콜라 사르코지의 긴급 중재로 전쟁이 끝났을 때 조지아는 영토의 20퍼센트를 잃었다. 소규모 조지아 군대를 상대한 러시아 군대의 상태는 좋지 않았지만 이 전쟁에서 승리를 거둔 러시아는 심리적으로도 정치적으로도 큰 변화를 겪었다. 러시아는 피해자가 되지 않아도 되었고 방어적인 태도를 취할 필요도 없었다.

미국에서 버락 오바마가 대통령에 선출되자 러시아와 미국의 관계가 다시 가까워지리라는 기대가 높아졌다. 러시아는 유럽 안보에 대해 논의하자고 제안했고, 미국과 협력하고자 하는 의지는 2010년 4월 새로운 전략 무기 감축 협정인 뉴 스타트 체결로 구체화됐다.

시리아의 개방

2010년 12월 '아랍의 봄'은 러시아를 다시 떨게 했다. 시민들은 독재자에 항거하고 자유 선거와 완전한 시민권 보장을 외쳤다. 그러나 시리아에서는 평화로운 시위를 벌이는 사람들을 강제 진압했고, 리비아 제2의 도시 벵가지에서는 카다피의 군대가 시민들을 위협했다. 2011년 3월 국제연합 안전보장이사회에서 리비아 국민을 돕기 위해 '필요한 모든 조치'를 승인하는 결의안을 투표할 때 놀랍게도 러시아는 기권했다. 이때 나토가 군사 작전의 지휘를 맡았다.

러시아는 이를 리비아의 비행 금지 구역을 설정한 1973년 결의안에 대한, 용인할 수 없는 위배로 평가했다. 총리에 불과했던 푸틴은 메드베데프보다 한발 더 나아갔고, 메드베데프의 불감증을 우회적으로 비난했다. 그는 미국, 영국, 프랑스를 겨냥해 "이 모든 것이 중세 십자군 운동을 연상시킨다"고 말했다. 카다피의 죽음은 그에게 서방의 면죄부를 상징했다. 그는 드론을 보냈던 서방이 카다피의 죽음에 직접적인 책임이 있다고 생각했다. 이후 나토의 수많은 군사 작전은 미국의 이라크 전쟁이 그랬듯이 푸틴에게 기억을 되살렸고, 자신에게 향하는 비난을 받아들이지 못하게 하는 역할을 했다.

2011년 12월 러시아 곳곳에서 총선 부정선거를 규탄하는 대규모 시위가 벌어졌다. '색깔 혁명'의 망령이 러시아에 쌓인 눈에 발자국을 남겼다. 정권은 긴장했고 망상은 갈수록 심해졌다. 푸틴은 부정선거와 관련해 힐러리 클린턴이 시위자들에게 '신호를 보냈다'고 비난했다. 이듬해 3월 푸틴은 다시 대통령이 되었다. 두 달 뒤 그가 공식적으로 임기에 들어가기 전에 모스크바를 비롯한 여러 대도시에서 시위가 확산되었다. 정부는 결과야 어찌 되든 아랑곳하지 않고 탄압으로 노선을 틀었다. 씁쓸함과 복수심이 가득한 외교 정책과 독재적인 국내 정치 노선이 두드러졌다. 그러나 서방은 오랫동안 그 둘을 구분하지 못하는 잘못을 저질렀다. 러시아는 반정부 인사들을 체포한 것에 대한 비난에 아예 귀를 막았을 뿐 아니라, 시리아의 독재자 바샤르 알아사드 대통령을 옹호했다. 이제 러시아는 공통의 규범을 더는 지키지 않았다. 카다피의 종말이 반복되는 것은 절대 용납할 수 없기 때문이다.

푸틴은 카다피의 죽음에 서방이 직접적인 책임이 있으며, 그것이 서방의 면죄부를 상징한다고 생각했다.

2012년 8월 20일 오바마 대통령은 기자단 앞에서, 알아사드 정권이 자국민을 상대로 화학 무기를 사용한 것을 두고 '레드 라인'이라는 표현을 썼다. 이후 백악관은 이 표현의 사용으로 인해 벌어진 사태에 책임을 져야 했다. 1년 뒤 미국은 시리아의 다마스쿠스 근교에서 일어난 대규모 학살에 사린 가스가 사용되었다는 사실을 확인했다. 그러나 놀랍게도 오바마 대통령은 보복 작전을 펼치지는 않았다. 그는 시리아에 남은 화학 무기를 회수하겠다는 러시아의 제안을 받아들였다. 위험하다는 이유로 해외 군사 작전을 포기한 결정은 마치 미국의 항복처럼 보였다. '세계를 지키는 군대'가 초소를 버리고 달아난 인상을 준 것이다. 러시아는 이를 미국이 약함을 인정하는 징후로 받아들였고 새로운 기회가 열렸다고 생각했다. 마치 균형이 드디어 다시 잡힌 것처럼 말이다.

세계에서 러시아의 위상을 논하는 토론장인 발다이 클럽의 연례 회의가 끝나고 2주 뒤에 푸틴은 자신이 정한 '레드 라인'을 언급했다. 그것은 "러시아의 주권과 독립, 그리고 영토 주권"이다. 또한 주변 국가를 끌어들여야 할 유라시아경제연합은 "절대적 우선순위"라고 덧붙였다. 러시아의 영향권은 더욱 굳건해져야 했다. 그런데 빅토르 야누코비치 대통령이 통치하는 우크라이나는 2013년 11월 말 유럽연합과 준회원협정을 맺을 생각이었다. 러시아는 야누코비치에게 천연가스를 무기로 엄청난 압력을 가했다. 그러자 야누코비치는 입장을 180도 바꾸었다. 친유럽 성향의 국민은 반발했고 다시 거리로 쏟아져 나왔다.

키이우의 독립광장(마이단 네젤레즈노스티)을 중심으로 일어난 '존엄의 혁명'(또는 유로마이단 혁명)은 2014년 2월에 유혈 사태와 대통령의 피신으로 막을 내렸다. 독립광장에 나갔던 외교관 중에는 미국 국무부 차관인 빅토리아 눌런드가 있다. 이때 눌런드가 시위자들에게 빵을 나눠주는 모습이 카메라에 포착되었는데, 이는 러시아에 '우크라이나와 러시아를 떼어놓고 우크라이나를 개종시키려는' 미국의 음모와 의지로 받아들여졌다. 문화적, 종교적 의미가 워낙 컸기 때문에 '개종'이라는 말은 전혀 과장이 아니다.

'러시아 도시들의 어머니', 키이우

푸틴에게 야누코비치의 몰락은 비록 참혹함은 덜한 버전일지라도 카다피 암살의 재연이었다. 그것은 외부 세력이 만들어낸 부당한 일이었다. 시위자들은 나치로 묘사되었다. 이런 상황을 견딜 이유가 없었다. 러시아는 나토와 미국의 허를 찌르며 손쉽게 크림반도를 합병했다. 니키타 흐루쇼프가 집권했던 1954년에 러시아가 우크라이나에 양도한 크림반도의 주민은 대부분 러시아인이다. 1만 5000명의 병사가 크림반도에 진입했으나 아무런 요구도 없었고 우크라이나 군대와 실제 충돌도 없었다. 이로써 러시아는 국제법을

> 푸틴은 "고향 항구에 돌아간" 것을 기뻐했다. 일종의 행복감과 애국심의 도취가 관영 매체들을 통해 전해지며 러시아 국민 대부분을 사로잡았다.

침해했으며, 부다페스트 안전보장각서(1994년)로 우크라이나에 약속했던 사항도 위반했다. 각서 체결 당시 우크라이나는 안전 보장을 대가로 핵무기를 포기한 바 있다. 러시아 군대 진입 이후 주민 투표가 서둘러 이루어졌고 크림반도는 러시아에 합병되었다. 푸틴은 "고향 항구에 돌아간" 것을 기뻐했다. 일종의 행복감과 애국심의 도취가 관영 매체들을 통해 전해지며 러시아 국민 대부분을 사로잡았다. 잃어버렸던 자존심이 회복된 사건이었다.

푸틴은 유럽과 미국에 대한 반감을 숨기지 않았다. 그는 "그들은 우리를 속이고 또 속였다. 그들은 우리 등 뒤에서 결정을 내렸다"고 말했다. 그중에서 나토의 동진(東進)을 언급했는데, 나토의 확장은 고르바초프에게 했던 구두 약속을 어기는 일이라고 평가했다. 그리고 군사 시설을 국경 지대에 배치할 것을 언급하기도 했다. 그는 코소보 사태와 리비아 상황도 상기시켰고, 키이우를 "러시아 모든 도시의 어머니"라고 부르며 시간을 수백 년 거슬러 올라갔다. 서방의 '십자군'을 비난했던 그가 오히려 그에 영감을 받은 듯했다. 거울

효과일까?

충격에 빠졌던 미국과 유럽은 반격에 나섰다. 러시아가 퍼뜨린 가짜 뉴스를 견뎌야 했던 미국과 유럽은 우크라이나 돈바스 지역에 러시아가 조종하는 분리주의 세력이 자리 잡도록 내버려둘 수밖에 없었다. 경제 제재는 약했고 너무 장기간에 걸쳐 있었다. 제재는 말레이시아 항공의 보잉기가 분리주의 세력이 쏜 미사일에 격추된 7월에 강화되었다. 당시 미국 부통령이었던 조 바이든은 이 시기에 대한 쓰라린 기억을 갖고 있다. 2022년에 바이든 행정부가 러시아의 위협에 맞서 취한 선제 대응, 공개적 비난, 언제든 가할 수 있는 제재 등의 전략은 모두 오바마 정권이 했던 선택과 정반대였다.

2014년 9월 5일 돈바스 사태를 정상화하기 위한 민스크 협정이 체결되었다. 속으로는 다른 꿍꿍이가 있던 러시아가 입장을 관철하는 데 성공한 것이다. 사실 러시아는 중재자 역할을 하는 척하며 분리주의자들을 꼭두각시 인형처럼 조종했다. 독일과 프랑스는 러시아에 전쟁의 강도를 낮추도록 설득하고자 고군분투했다. 전쟁은 1만 4000명의 사망자를 낳았다. 그러나 러시아는 고삐를 늦추지 않았다. 돈바스는 정상화에 대한 희망을 완전히 무너뜨려 우크라이나를 장기적으로 흔들 수 있는 무기나 마찬가지였다. 마땅한 해결책이 없던 독일과 프랑스는 아무것도 얻지 못하고 이러한 상황에 눈을 감을 수밖에 없었다.

2015년 2월 말, 돈바스 내 러시아의 개입에 관한 보고서를 준비하던 전 러시아 부총리 보리스 넴초프가 크렘린 근처에서 암살당했다. 3월에 러시아는 유럽재래식무기감축조약에 따른 활동을 멈추었다. 해당 조약은 1990년에 나토 회원국과 바르샤바 조약기구 회원국이 체결한 것이다. 이로써 군비 제재에 관한 새로운 축이 무너졌다. 그러나 미국은 또 다른 다자 사안인 이란 핵 협상에 러시아가 필요했다. 이란 핵 문제는 오바마 행정부의 절대적인 우선 과제였다. 결국 7월에 포괄적 공동행동계획이 체결되었다.

하이브리드 전쟁과 용병의 시대

2015년 9월 말 국제연합 연설에 나선 푸틴은 또다시 '혁명의 수출'을 언급했다. "민주주의와 진보의 승리 대신 우리는 폭력과 빈곤, 사회적 재앙을 얻었습니다"라고 주장했다. 며칠 뒤 러시아는 미국이 서아시아를 떠나며 생긴 공백을 차지했다. 시리아의 알아사드 정권 구출 작전을 강화했고, 이란과 그 하청업자인 레바논 헤즈볼라와 함께 영토를 되찾기 위해 공군력을 동원한 무차별적인 공습—이는 러시아가 자행한 또 하나의 전쟁 범죄였다—을 가했다. 테러와의 전쟁은 사람들의 기억에서 금방 사라진 핑계에 불과했다. 미래의 전쟁을 예측하는 능력은 러시아 군대뿐 아니라 러시아 정부와 관련이 있는 용병 조직인 바그너 그룹에서도 드러난다. 용병 현상은 이후 아프리카로 퍼져나갔다. 게다가 러시아가 정체를 숨기고 침투하기 시작한 사이버 공간도 문제가 되기 시작했다.

2016년 6월 미국 대통령 선거 운동이 벌어질 당시 민주당 전국위원회의 서버가 해킹당했다는 소식이 전해졌고, 러시아 해커들의 소행이라는 소문이 돌았다. 힐러리 클린턴을 민주당 대선 후보로 지명하는 전당대회가 열리기 사흘 전인 7월 22일,

위키리크스가 2만 개에 이르는 민주당 내부 메일을 공개했다. 거기에는 민주당 간부들이 버니 샌더스보다 힐러리 클린턴을 선호한다는 내용이 들어 있었다. 이후 몇 달 동안 도널드 트럼프는 승기를 잡았고, 그 사이 미국 정보기관들은 러시아가 트럼프의 승리를 위해 전방위로 대선 판세를 뒤흔들었다는 확신을 얻었다. 지금도 당시 러시아가 트럼프 승리에 어떤 역할을 했는지 정확히 파악하기는 어렵다. 트럼프의 승리는 무엇보다 미국 국내의 사회·경제 문제와 관련이 있기 때문이다.

미국의 신임 대통령이 러시아와의 관계를 계속 의심받는 상황에서 양국 관계가 건설적이리라는 것은 기대할 수 없었다. 오히려 그 반대였다. 러시아 제재 대상—주요 인사와 기업—이 늘어나기만 한 것이다. 2018년 2월 미국 행정부는 <핵 태세 보고서>에서 "러시아는 미국과 나토를 자국의 지정학적 야망을 위협하는 주요 대상으로 생각한다"는 입장을 내놓았다. 몇 주 뒤 영국 솔즈베리에서 이중 첩자였던 세르게이 스크리팔이 신경독인 노비촉으로 암살당했다. 유럽은 충격에 빠졌고 러시아는 책임을 지지 않아도 된다는 기분에 빠졌다. 러시아 정부는 모든 것을 부인했지만 세계 곳곳에서 러시아 외교관들이 추방당하는 사태가 벌어졌다.

7월에 로버트 뮬러 특별검사가 러시아 정보기관 소속 직원 13명을 민주당 서버 해킹 혐의로 기소했다. 그리고 며칠 뒤 트럼프와 푸틴은 헬싱키에서 정상회담을 했다. 회담에는 아무도 배석하지 않았다. 두 정상의 기자회견은 황당했다. 트럼프 대통령은 미국 정보기관들이 러시아의 내정 간섭 의혹을 제기한 것과 관련해 "푸틴 대통령이 러시아가 아니라고 말했습니다. 나도 러시아일 것이라고 믿을 만한 이유가 없다고 생각합니다"라고 말했다.

2019년 6월 푸틴은 《파이낸셜 타임스》와의 인터뷰에서 "자유주의 사상은 폐기물이 되었습니다"라고 말하며 기쁨을 감추지 않았다. 시리아에 대한 군사 개입은 군사 작전 면에서나 정치적 면에서나 성공적이었다. 유럽은 난민 위기니 포퓰리즘의 상승이니 하면서 논쟁을 벌였고, 미국은 전쟁터가 되었다. 트럼프는 전통적인 동맹국들을 무시하고 모욕했으며, 독재자들을 가까이하는 것을 즐겼다. 푸틴은 문명의 논리로 사고했다. 서방은 영향력으로 보나 가치로 보나 쇠락을 피할 수 없다고 믿었다.

"참는 것은 약해지는 것이다"

우크라이나 돈바스 지역에서 벌어진 전쟁은 반쯤 소강상태였다. 하지만 필요하다면 언제든지 다시 악화할 수 있었다. 러시아는 우크라이나가 민스크 협정을 지키지 않았다고 여겼다. 2019년 12월 러시아, 우크라이나, 독일, 프랑스 정상들이 파리에서 우크라이나 신임 대통령인 볼로디미르 젤렌스키와 가진 '노르망디식 회담' [러시아, 우크라이나, 독일, 프랑스의 4자 정상회담. 2014년 프랑스의 노르망디 상륙작전 70주년 기념식에서 회동한 이들이 러시아-우크라이나 분쟁을 논의한 데서 붙은 이름이다.-옮긴이]은 작은 상징적 제스처라는 결과만 낳았다. 러시아는 상황을 역사라는 더 큰 관점으로 보았다. 그런데 시간이 갈수록 우크라이나가 서방으로 기우는 것 같았다.

노쇠하고 단순한 대통령이 이끄는 분열되고 쇠약해진 미국을 본 러시아의 야욕은 커져만 갔다.

2014년 미국은 우크라이나를 위한 대규모 안보 지원 프로그램을 시작했다. "참는 것은 약해지는 것이다." 푸틴의 러시아는 이런 주문을 외운 것 같다. 2020년 8월 러시아의 반정부 인사인 알렉세이 나발니도 노비촉과 비슷한 신경독으로 쓰러졌다. 그는 독일로 이송되었다. 러시아 정부는 암살 시도를 부인했으나 그간의 거짓말로 옴짝달싹하지 못했다. 암살 시도와 이를 부인하는 러시아의 입장을 본 프랑스와 독일은 러시아 정부가 자국의 이익을 위해서라면 못 할 짓이 없고, 무엇이든 감추려 할 것이라는 사실을 깨달았다.

바이든이 대선에서 승리를 거두자 러시아는 유럽과의 관계가 갖는 장점을 믿는 전통 민주당원을 상대하게 되었다. "푸틴은 살인자입니까?" 대통령에 당선된 바이든에게 방송 기자가 물었다. 바이든은 "그렇다고 생각합니다"라고 대답했다. 양국 지도자의 만남은 몇 가지 공통 관심사를 진전시킨다는 실리적 의도가 있었기에 성사되었다.

바이든 대통령은 당선의 기쁨을 제대로 누리지 못했다. 2021년 1월 트럼프 지지자들이 의사당을 공격했고, 8월에는 아프가니스탄에서 허둥지둥 미군을 철수시켰다. 이는 미국의 취약점을 제대로 각인시킨 사건들이었다. 그리고 그 부정적인 이미지들은 러시아 정부에 지정학적 상황을 제대로 파악하고 있다는 확신을 주었다. 노쇠하고 단순한 대통령이 이끄는 분열되고 쇠약해진 미국을 본 러시아의 야욕은 커져만 갔다.

사람들은 러시아인들이 황당한 창의력을 가졌다고 했지만, 실제로 문제가 되었던 것은 러시아의 야욕에 실질적으로 맞서지 못했던 미국과 유럽의 나약함이었다. 프로파간다, 뻔뻔한 거짓말과 조종은 권위적인 독재 정권의 본성이다. 독재 정권들은 자신들의 기반을 확고히 하기 위해 적을 이용한다. 그 적이 실재하든 실재하지 않든 말이다. 러시아가 보유한 탄도미사일과 핵무기에 대해 많이 강조되었는데 최근 개발된 극초음속 미사일만 봐도 알 수 있듯이 이는 물론 우려할 만한 상황이다. 그러나 우크라이나 전쟁에서 보여준 러시아 군대의 모습은 조직적인 면에서 그 우수성을 의심하게 한다.

최근 몇 년 동안 전쟁과 평화의 경계가 사라지고 러시아라는 회색 지대가 개입하면서 늘 방어적인 서방은 틈이 벌어졌다. 그러다가 상황이 달라졌다. 우크라이나 전쟁에서 미국과 유럽이 펼친 공동 전선은 그 어느 때보다 강력하다. 러시아 정부에 대한 제재 수준도 그 어느 때보다 높다. 러시아는 역사의 복수를 꿈꿨지만 홀로 고립된 채 경제 붕괴의 위기를 맞았다. 그 정상에 신랄한 언행을 서슴지 않고 쓰라린 회한에 가득 찬 인물이 있다. 그의 망상은 이제 단순한 말로만 그치지 않는다. 일흔 살의 이 남자는 국민에게 안정과 부활을 약속했지만 정당화할 수 없는 전쟁을 선물했다. 러시아는 의자 밑에 놓아둔 폭탄 같다. 그 도화선의 길이가 얼마나 되는지는 아무도 모른다.

피오트르 스몰라르

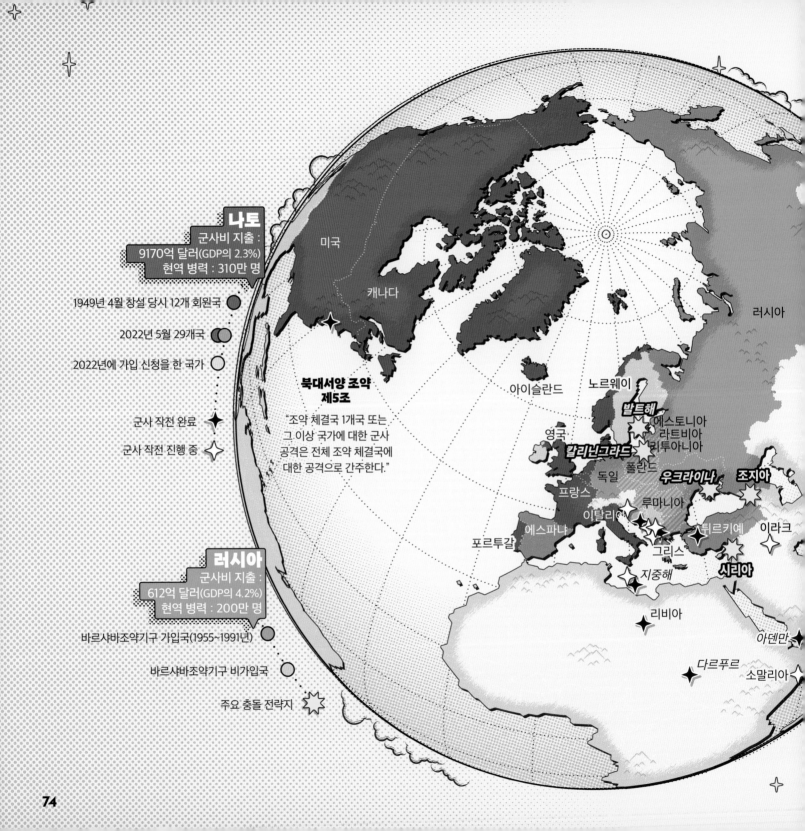

나토
군사비 지출 :
9170억 달러(GDP의 2.3%)
현역 병력 : 310만 명

1949년 4월 창설 당시 12개 회원국

2022년 5월 29개국

2022년에 가입 신청을 한 국가

군사 작전 완료

군사 작전 진행 중

**북대서양 조약
제5조**

"조약 체결국 1개국 또는
그 이상 국가에 대한 군사
공격은 전체 조약 체결국에
대한 공격으로 간주한다."

러시아
군사비 지출 :
612억 달러(GDP의 4.2%)
현역 병력 : 200만 명

바르샤바조약기구 가입국(1955~1991년)

바르샤바조약기구 비가입국

주요 충돌 전략지

미국

캐나다

러시아

아이슬란드　노르웨이

발트해
에스토니아
라트비아
리투아니아

영국

칼리닌그라드

폴란드

독일

우크라이나　　**조지아**

프랑스

루마니아

이탈리아

에스파냐

그리스　　**튀르키예**　이라크

포르투갈

지중해　　　**시리아**

리비아

아덴만

다르푸르

소말리아

러시아 대 나토 : 70년의 대치

나토는 소련의 확장을 막기 위해 냉전 시대에 탄생했다. 따라서 러시아는 2004년에 시작된 나토의
동진을 반드시 이겨내야 할 포위로 받아들인다. 특히 나토가 러시아의 영향력이 높은 구소련 지역에
발을 들여놓았을 때부터 그러한 인식이 팽배했다.

1949~1991년　소련의 위협에 맞서 유럽의 안정을 꾀하다

- **1949년** : 북대서양 조약 체결. 이후 1951년 소련에 맞서 서유럽의 안보를 보장할 북대서양조약기구(NATO) 창설
- **1955년** : 소련과 그 동맹국들이 바르샤바조약기구 결성
- **1966년 프랑스** : 나토의 통합군사령부에서 철수(2009년 재가입)
- **1991년** : 소련의 붕괴와 바르샤바조약기구 해체

1991~2014년　동유럽으로 확장하고 국제 위기를 관리하다

- **1995년 보스니아** : 세르비아 지도부에 대한 군사 작전
- **1999년 코소보** : 국제연합의 승인을 얻지 않은 상태에서 무력 사용
- **1999~2009년** : 중유럽과 동유럽에서 12개국 가입
- **2001년 미국** : 9·11 테러. 북대서양 조약 제5조 최초 발동
- **2003년 아프가니스탄** : 국제안보지원군 배치
- **2007년 에스토니아** : 러시아의 소행으로 의심되는 최초의 전국적 사이버 테러 발생
- **2008년 조지아** : 4월 나토 가입 예정. 8월 남오세티야와 압하지야의 분리주의 세력을 지원하는 러시아의 영토 침입
- **2009년 프랑스** : 사르코지 대통령의 주도로 나토 통합군사령부 재가입
- **2011년 리비아** : 군사 작전

아프가니스탄

2014년 이후　러시아에 대한 억제력을 발휘하다

- **2014년 우크라이나** : '존엄의 혁명' 발생 및 나토 가입 희망 의사 재확인. 러시아의 크림반도 합병
- **2018년 에스토니아, 라트비아, 리투아니아, 폴란드, 루마니아** : 다국적군 배치
- **2022년 우크라이나** : 러시아의 침공과 전쟁 시작
- **2022년 불가리아, 헝가리, 슬로바키아, 루마니아** : 다국적군 추가 배치
- **2022년 스웨덴, 핀란드** : 나토 가입 신청

출처 : 《더 밀리터리 밸런스》(미국 국제전략연구소) ; 북대서양조약기구 ; 《르몽드》

군사력 비교

집단 안보를 원칙으로 창설된 나토는 소련이라는
원래의 적이 몰락한 뒤에도 살아남았다.

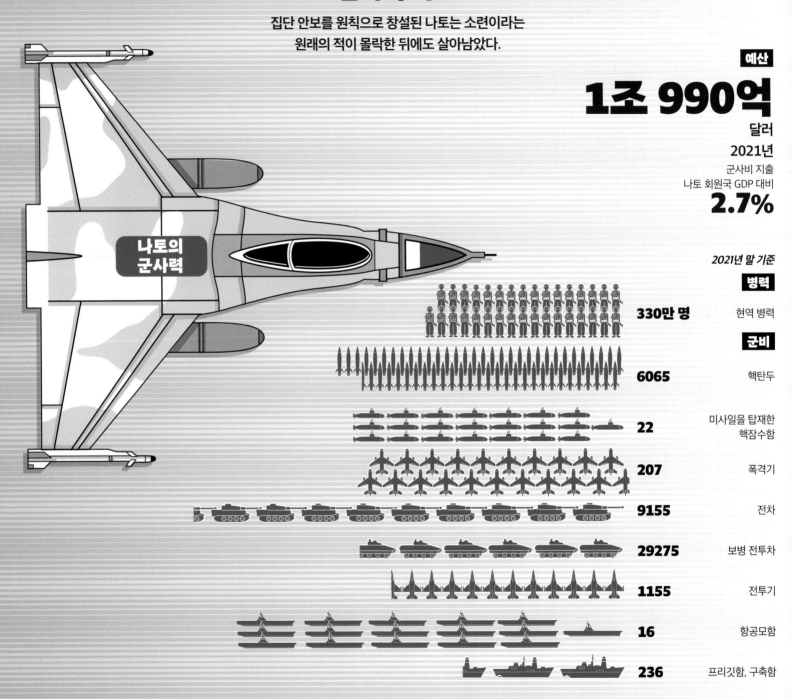

예산

1조 990억

달러

2021년

군사비 지출
나토 회원국 GDP 대비
2.7%

2021년 말 기준

병력

330만 명 — 현역 병력

군비

6065 — 핵탄두

22 — 미사일을 탑재한 핵잠수함

207 — 폭격기

9155 — 전차

29275 — 보병 전투차

1155 — 전투기

16 — 항공모함

236 — 프리깃함, 구축함

소련의 뒤를 이은 러시아는 나토와
그 선봉장인 미국을 실존하는 위협으로 여겨왔다.

예산

458억

달러

2021년
군사비 지출
러시아 GDP 대비

2.8%

2021년 말 기준

병력

현역 병력	**90만 명**

군비

핵탄두	6255
미사일을 탑재한 핵잠수함	11
폭격기	213
전차	2927
보병 전투차	5900
전투기	436
항공모함	1
프리깃함, 구축함	27

러시아의
군사력

출처 : 카네기국제평화재단 ; 《더 밀리터리 밸런스》(미국
국제전략연구소) ; 북대서양조약기구 ; Liveuamap.com ;
군축협회(ACA) ; AFP ; 로이터통신 ; 《르몽드》

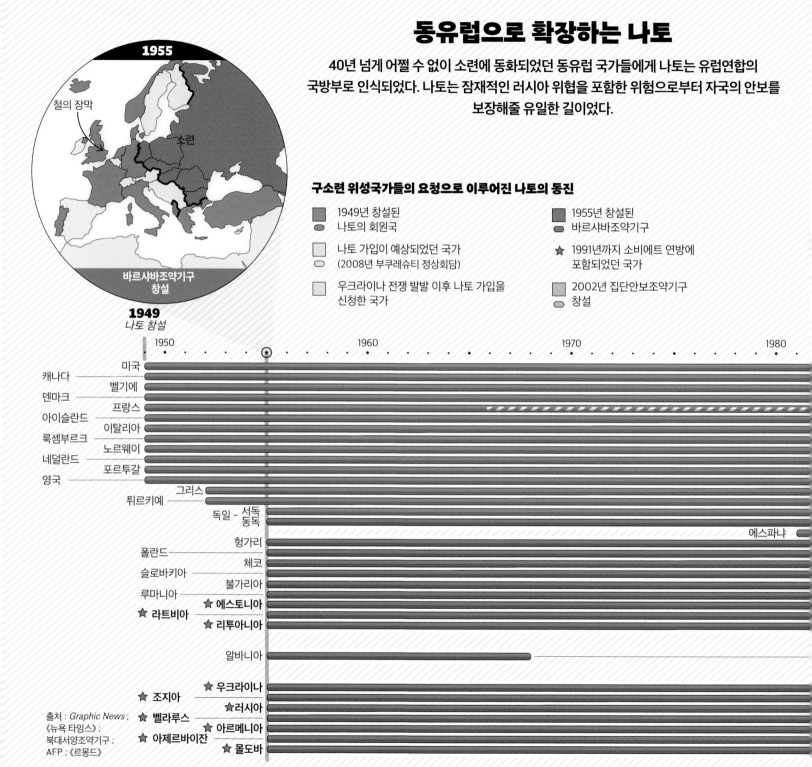

동유럽으로 확장하는 나토

40년 넘게 어쩔 수 없이 소련에 동화되었던 동유럽 국가들에게 나토는 유럽연합의 국방부로 인식되었다. 나토는 잠재적인 러시아 위협을 포함한 위험으로부터 자국의 안보를 보장해줄 유일한 길이었다.

1955

철의 장막

소련

바르샤바조약기구 창설

1949
나토 창설

구소련 위성국가들의 요청으로 이루어진 나토의 동진

- 1949년 창설된 나토의 회원국
- 나토 가입이 예상되었던 국가 (2008년 부쿠레슈티 정상회담)
- 우크라이나 전쟁 발발 이후 나토 가입을 신청한 국가
- 1955년 창설된 바르샤바조약기구
- 1991년까지 소비에트 연방에 포함되었던 국가
- 2002년 집단안보조약기구 창설

1950   1960   1970   1980

미국
캐나다 — 벨기에
덴마크
프랑스
아이슬란드 — 이탈리아
룩셈부르크 — 노르웨이
네덜란드
포르투갈
영국
그리스
튀르키예
독일 - 서독
동독
에스파냐
헝가리
폴란드 — 체코
슬로바키아
불가리아
루마니아
★ 에스토니아
★ 라트비아
★ 리투아니아
알바니아
★ 우크라이나
★ 조지아
★ 러시아
★ 벨라루스
아르메니아
★ 아제르바이잔
★ 몰도바

출처 : *Graphic News* ;
《뉴욕 타임스》;
북대서양조약기구 ;
AFP ; 《르몽드》

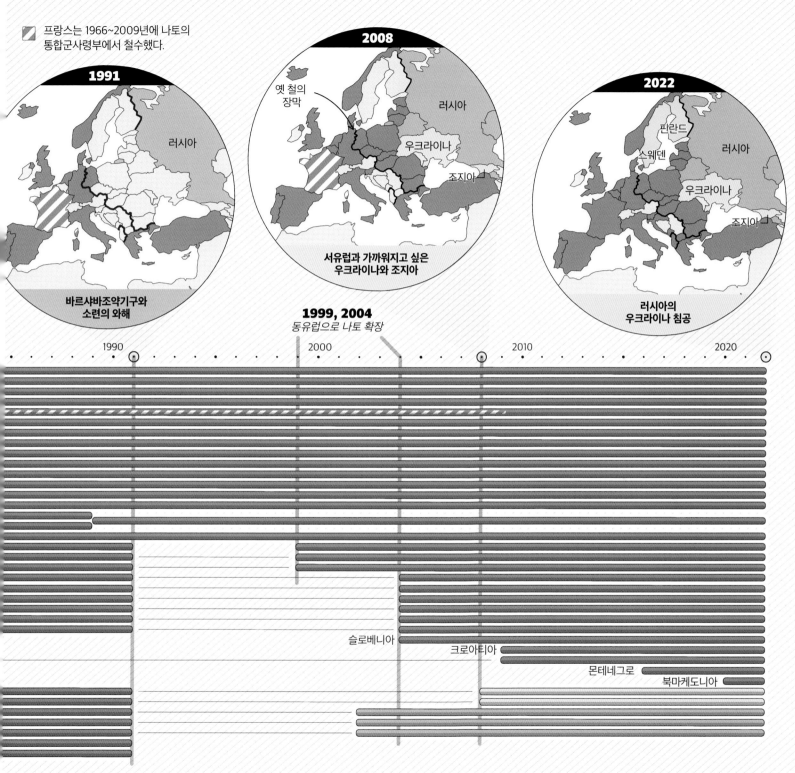

프랑스는 1966~2009년에 나토의
통합군사령부에서 철수했다.

2008

옛 철의
장막

러시아

우크라이나

조지아

서유럽과 가까워지고 싶은
우크라이나와 조지아

1991

러시아

바르샤바조약기구와
소련의 와해

2022

핀란드

스웨덴

러시아

우크라이나

조지아

러시아의
우크라이나 침공

1999, 2004
동유럽으로 나토 확장

1990   2000   2010   2020

슬로베니아   크로아티아   몬테네그로

북마케도니아

얼음의 장막

러시아가 북극을 군사화하는 것은 이곳의 경제적 잠재성과도 관련이 있다.
이는 나토 회원국인 북극 주변 국가들과 새로운 냉전을 벌일
위험을 가중시킨다.

그린란드
(덴마크)

카나크(툴레)
나토와 북미항공
우주방위사령부(NORAD)
소속 미군 공군 기지

케플라비크
나토 회원국으로는
유일하게 군대가 없고
미국이 안전을 보장하고
있는 아이슬란드

아이슬란드

에스파냐

스발바르 제도
1920년부터 노르웨이
영토인 스발바르
제도에 러시아인들이
거주한다.

러시아는 2007년
북극 해저에 **국기를
꽂아**서 북극에 대한
소유권을 주장했다.

영국

북해

스웨덴과 핀란드는 나토
회원국이 아니지만 나토가
사용하는 기지들.

프랑스

스발바르 제도

북극

스타방에르
합동전쟁센터

노르웨이

덴마크

세베로모르스크
러시아 북방함대
총사령부

독일

●**오슬로**

스웨덴

세베르나야제믈랴 제도

이탈리아

고틀란드섬

올란드 제도

●올란드 제도

바렌츠해

발트해

핀란드

폴란드

노바야제믈랴 제도

라투아니아

에스토니아

크론시타트

리투아니아

라트비아

상트페테르부르크

그레미하

타이미르반도

루마니아

벨라루스

불가리아

우크라이나

●**모스크바**

무르만스크
크루즈 미사일을 탑재할
수 있는 쇄빙 원자력선
선적항

발트해 충돌 위험
핀란드와 스웨덴이 나토에
가입하면 러시아의 고립은
강화될 것이고, 나토가 전략
지역인 주변 해역을 장악할
것이다.

250 km

러시아

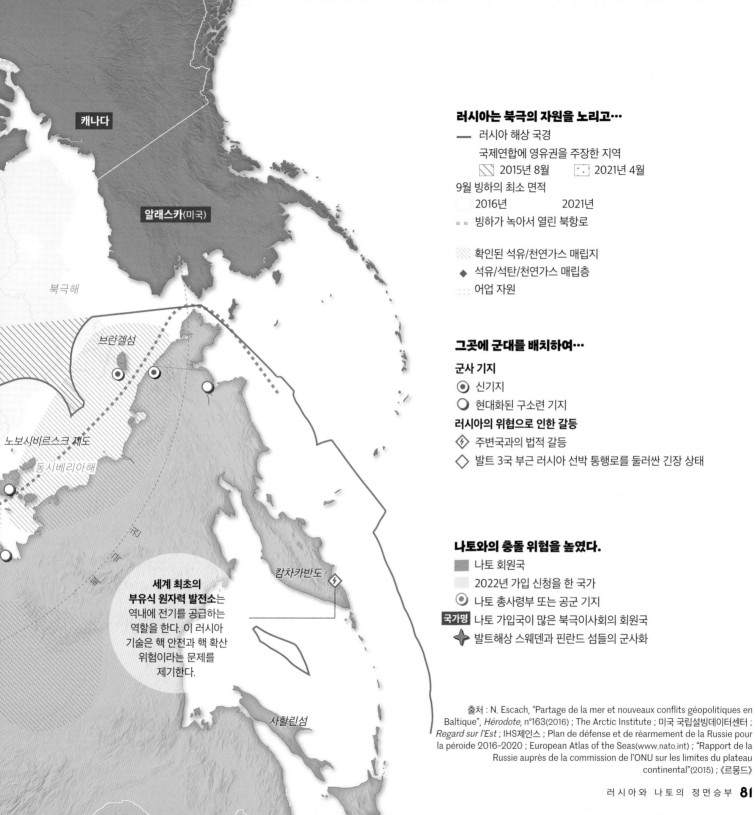

러시아는 북극의 자원을 노리고…

— 러시아 해상 국경

국제연합에 영유권을 주장한 지역

⬚ 2015년 8월　　⬚ 2021년 4월

9월 빙하의 최소 면적

☐ 2016년　　　　2021년

▪▪ 빙하가 녹아서 열린 북항로

▨ 확인된 석유/천연가스 매립지

◆ 석유/석탄/천연가스 매립층

⋮⋮⋮ 어업 자원

그곳에 군대를 배치하여…

군사 기지

◉ 신기지

◯ 현대화된 구소련 기지

러시아의 위협으로 인한 갈등

⚡ 주변국과의 법적 갈등

◇ 발트 3국 부근 러시아 선박 통행로를 둘러싼 긴장 상태

나토와의 충돌 위험을 높였다.

▓ 나토 회원국

☐ 2022년 가입 신청을 한 국가

◉ 나토 총사령부 또는 공군 기지

`국가명` 나토 가입국이 많은 북극이사회의 회원국

✦ 발트해상 스웨덴과 핀란드 섬들의 군사화

캐나다

알래스카(미국)

북극해

브란겔섬

노보시비르스크 제도

동시베리아해

세계 최초의 부유식 원자력 발전소는 역내에 전기를 공급하는 역할을 한다. 이 러시아 기술은 핵 안전과 핵 확산 위험이라는 문제를 제기한다.

캄차카반도

사할린섬

출처 : N. Escach, "Partage de la mer et nouveaux conflits géopolitiques en Baltique", *Hérodote*, n°163(2016) ; The Arctic Institute ; 미국 국립설빙데이터센터 ; *Regard sur l'Est* ; IHS제인스 ; Plan de défense et de réarmement de la Russie pour la péroide 2016-2020 ; European Atlas of the Seas(www.nato.int) ; "Rapport de la Russie auprès de la commission de l'ONU sur les limites du plateau continental"(2015) ; 《르몽드》

러시아와 나토의 갈등 무대가 된 발트해

냉전이 끝나자 발트해 주변 국가들은 서서히 나토에 가입했고,
결국 러시아에는 상트페테르부르크와 칼리닌그라드라는 '창'만 남았다.

스웨덴과 핀란드

스웨덴… 전통적으로 중립국이었다가 러시아가 우크라이나를
침공하자 나토에 가입 신청을 했다.

우크라이나 전쟁 발발 이후 정부가 군사화한 섬

✦ 나토와 협력 중인 국제군사연구기관인
연합변혁사령부

유럽과 아시아의 교류 지역

무역과 관광

━━ 주요 항로

⚓ 2016년 기준 10대 컨테이너항

⚓ 주요 크루즈 터미널

➜ 아시아로 가는 주요 경유지

에너지

━━ 러시아 천연가스 수송관 노르트스트림1(2012년부터 가동)

⋯⋯ 노르트스트림2(승인 절차 중단)

나토와 러시아의 마찰 지역

▨ 나토 회원국

▨ 러시아의 팽창주의를 우려하는 발트해 주변국

▨ 나토에 가입하려는 북유럽의 중립국

▨ 러시아와 동맹국

나토

독일… 나토 회원국

⬡ 주요 군사 훈련
(2016년 이후)

✦ 바르샤바 정상회의(2016년) 이후
배치된 대대

◆ 패트리어트 미사일 배치
(2017년 7월)

✈ 나토 공군 기지

노르웨이해

노르웨이

오슬로

스카게라크 해협

카테가트 해협

북해

덴마크

코펜하겐

킬

보른홀름섬

2017년 BALTAP
(발트해 연합군) 작전

슈체친

독일

스발바르 제도**(노르웨이)**

북극해

노바야제믈랴 제도
(러시아)

바렌츠해

백해

사 프 미

◆ ― 보되

북 극 권

발트 3국

리투아니아… 2004년 나토에 가입한 구소련 연방국

2007년 러시아발 대규모 사이버 테러

수바우키 회랑

육상 국경 강화(철조망 설치 완료 또는 진행 중)

⚓ 나토 해군 기지 배치 후보항

스웨덴

보트니아만

핀란드

예카테린부르크, 노보시비르스크 방향

헬싱키

상트페테르부르크

올란드 제도

스톡홀름

핀란드만

탈린

아마리

에스토니아

리가만

러시아

고틀란드섬

리에파야

리가

라트비아

샤울라이

모스크바, 알마티, 비슈케크, 타슈켄트, 두샨베 방향

2017년 조인트 시 훈련

발트해

리투아니아

빌뉴스

빌레이카

(러시아)

2017년 자파트 훈련

2017년 세이버 스트라이크 훈련

민스크

벨라루스

폴란드

수바우키 회랑

발트 3국과 나토 회원국을 잇는 유일한 육상 통로

바라나비치

간체비치

50 km

2016년 아나콘다 훈련

러시아와 벨라루스

러시아와 동맹국(벨라루스)

내부 안정을 무너뜨리는 도구인 러시아어 사용 소수민족

발트 함대 선적항

2016년 말 이스칸데르 미사일 배치

러시아 군사 훈련

러시아-중국 합동 군사 훈련

벨라루스 소재 러시아 군 시설

벨라루스에 건설 예정인 러시아 공군 기지

러시아와 나토가 대치한 사건

출처 : N. Escach, "Partage de la mer et nouveaux conflits géopolitiques en Baltique", *Hérodote* (La Découverte, 2016) ; C. Bayou, *Les États baltes face à la Russie* (Politique internationale, 2017) ; 북대서양조약기구 ; Actia Forum ; Cruise Baltic ; AFP ; 로이터통신 ;《르몽드》

러 시 아 와 나 토 의 정 면 승 부 **83**

노르트스트림2 : 예고된 실패의 원인

유럽이 러시아산 천연가스를 많이 수입하자 러시아는 완전히 신뢰하기 어려운 우크라이나를 우회하기
위해 해저 가스관 건설을 시작했다. 이는 우크라이나에 통행료를 내지 않는 방법이기도 했다.
그러나 가스관을 하나 더 짓는다는 것은 불필요한 시설을 추가하는 것이며 지역 갈등 및
국제사회의 갈등만 불러일으켰다.

공사 진행에 관한 유럽 각국의 입장
2021년 3월 기준

- 찬성
- 반대
- 잘 모르겠음
- 중립

노르트스트림2
2012년 가동된 노르트스트림1
노르트스트림 육상 연결 지점
배타적 경제 수역

협약 및 계획 진척

제재

북 해

네덜란드

벨기에

룩셈부르크

프랑스

독일

**2011년 11월
체결 계획**
가스프롬과 서방의 파트너 기업들은
기존 가스관과 똑같은 가스관을 하나
더 건설하기로 했다. 그러나 유럽연합의
여러 회원국이 몇 년 동안 정치적 이유로
이 계획에 반대했다. 2017년 4월
자금 투자 협정이 체결되었다.

**2019년 10월
덴마크의 배타적
경제 수역 내에서 루트 변경**

스웨덴
원래 계획된 루트
보른홀름섬
(덴마크)
최종 선정된 루트
20 km

노르트스트림2는 덴마크의 배타적 경제 수역
내에서 공사를 완료하기 위한 최종 승인을
받았다. 공사 완료는 2020년 말로
예정되었다. 원래 계획은 보른홀름섬 가까이
지나가며 덴마크 영해를 통과하는 것이었다.
여러 개의 경로가 거부되다가 최종적으로 남동
루트가 선정되었다.

**2019년 12월
미국의 제재**
트럼프 대통령이 가스관 제재(가스관
건설과 연관이 있는 기업가들의 자산 동결과
미국 비자 취소)에 관한 법에 서명했다.
파이프를 설치하는 네덜란드-스위스
선박이 제재 대상에 포함되면서 가스관
건설은 중단되었다.

**2020년 9월
유럽연합의 제재**
반체제 인사인 알렉세이 나발니 음독 사건 이후
유럽연합이 러시아 제재를 결정하는 과정에서
노르트스트림2도 위기를 맞았다.

**2020년 12월 11일
공사 재개**
러시아 선박 **포르투나호**가 독일
비스마르 항을 떠나 가스관 건설 재개를
위해 덴마크 영해로 향했다. 가스관 공사
완료까지 공정의 6퍼센트만 남아
있었다. 즉, 덴마크 영해에서 120
킬로미터, 독일 영해에서 30킬로미터를
추가로 건설하기만 하면 되었다.

**2021년 1월
미국의 제재**
노르트스트림2 건설에 참여했던 유럽
기업을 제재 대상으로 삼았다.

파이프를 설치하는 러시아 선박
포르투나호
길이 : 171미터

덴마크

스웨덴

스톡홀름

핀란드

이마트라

비보르크

상트페테르부르크

우스틸루가

나르바

코펜하겐

발트 해

고틀란드섬

에스토니아

보른홀름섬
(덴마크)

러시아

그라이프스발트

라트비아

칼리닌그라드

리투아니아

그단스크

러시아

폴란드

벨라루스

2021년 1월 24일
포르투나호가 덴마크 영해에서
작업을 재개했다.

2021년 8월 20일
바이든 행정부가 러시아 선박
1채와 관련 2개 기업에 제재를
가했다.

2021년 11월 16일
독일 에너지 규제 당국이
승인 절차가 중단되었다고
발표했다.

2021년 1월 21일
러시아에서 알렉세이
나발니가 체포되자
유럽의회는 가스관 완공을
막는 결의안을 채택했다.

2021년 5월 19일
미국 국무부는 노르트스트림2 건설에
참가한 업체들에 대한 제재를 미국
국익을 해친다는 이유로 포기했다.

2021년 9월 10일
가스프롬이 가스관을 완공했다고
발표했다.

2022년 2월 22일
러시아가 우크라이나 동부의
2개 지역을 러시아 영토로 공식
인정한 뒤 노르트스트림2
승인이 중단되었다.

우크라이나

출처 : "Le gazoduc Nord Stream 2 : enjeux politiques et stratégiques"(Irsem, 2018) ; 유럽연합
통계청 유로스타트 ; www.nord-stream2.com ; 유럽 가스 전송 사업 ENTSOG ; 《르몽드》

천연가스 위기를 되살린 우크라이나 전쟁

우크라이나 전쟁은 유럽 국가들이 러시아의 석유와 천연가스에 크게 의존하고 있음을
여실히 드러냈다. 액화 천연가스를 수입하려면 많은 국가가 갖추지 못한 비싸고
특수한 터미널을 지어야 한다.

유럽연합이 수입한 천연가스의 절반은 러시아산이다.

유럽연합이 수입하는 천연가스 수출국
2021년 1분기, 단위 : 거래액 대비 %

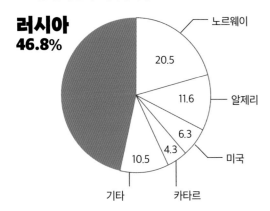

전체 에너지 소비에서 천연가스가 차지하는 비중
2019년 러시아산 천연가스 의존성이 50% 이상인 국가에 해당

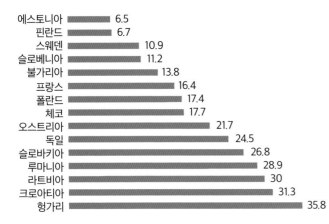

에스토니아	6.5
핀란드	6.7
스웨덴	10.9
슬로베니아	11.2
불가리아	13.8
프랑스	16.4
폴란드	17.4
체코	17.7
오스트리아	21.7
독일	24.5
슬로바키아	26.8
루마니아	28.9
라트비아	30
크로아티아	31.3
헝가리	35.8

2014년 러시아의 크림반도 합병 이후 러시아산 천연가스 의존성이…

늘어난 국가
러시아산 수입 비중

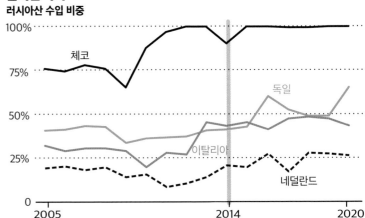

줄어든 국가

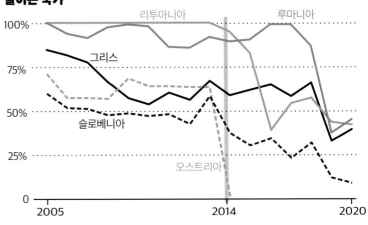

러시아산 천연가스에 대한 의존도
2021년 1분기 유럽연합 회원국 수입 기준

○ 50% 이상   ● 75% 이상
○ 50% 미만

━━ 주요 러시아 가스관
── 기타 가스관

러시아

핀란드

스웨덴

노르웨이

비보르

우스틸루가

모스크바

노르트스트림
1, 2

에스토니아

라트비아

리투아니아

민스크

야말-유럽

덴마크

발트해

러시아

북해

그라이프스발트

벨라루스

프랑크푸르트(오데르)

폴란드

우크라이나

브라더후드

아일랜드

영국

독일

르비우

체코

슬로바키아

프랑스

오스트리아

루마니아

슬로베니아 크로아티아

불가리아

이탈리아

튀르키예

에스파냐

그리스

출처 : 《세계에너지통계리뷰 2021》(BP) ; 유럽연합 통계청 유로스타트 ; Ourworldindata

흑해 또는 따뜻한 바다에 대한 야망

30년 전 일어난 냉전 종식은 해상 요충지들이 평화적인 협력의 공간으로 탈바꿈하리라는
희망을 낳았다. 그러나 2014년 러시아가 크림반도를 합병하자 그곳은 러시아와
나토의 힘겨루기 장이 되어버렸다.

*1990년 이후
독립을 주장하는
트란스니스트리아
지역*

우크라이나

북크림 운하와 카호우카 수력 발전소
2022년 2월 24일 러시아가 운하를
장악하면서 크림반도의 물 공급을
재개했다. 우크라이나는 2014년
크림반도가 러시아에 합병되자 물
공급을 끊은 바 있다.

드니프로

*2014년 이후
독립을 주장하는
돈바스 지역*

루한스크

도네츠크

자포리자
유럽 최대 규모의
원자력 발전소

로스토프나도누

아조프

미콜라이우

마리우폴

키시너우

몰도바

오데사

헤르손

카호우카

멜리토폴

베르댠스크

예이스크

프리모르스코아흐타르스크

아조프해

케르치 해협

러시아 순양함 모스크바

러시아

예프파토리야

즈미이니섬

루마니아

콘스탄차

심페로폴

세바스토폴

크림반도
(2014년 러시아에 합병)

케르치

페오도시야

흑해

노보로시스크

크라스노다르

*1990년부터 독립을
주장하는 압하지야 지역*

소치

조지아

튀르크스트림

바투미

블루스트림

보스포루스 해협
2022년 2월 28일, 튀르키예 정부는
전함의 통행을 제한했다. 그러나
주변국의 함선들은 자국 기지로 갈 수
있으므로 전면 통제는 아니다.

이스탄불

튀르키예

삼순

100
km

2014년 러시아는 크림반도를 합병한다.

 2014년 **러시아에 합병된 영토**

 2014년 이후 **친러파 세력이 장악한 분리주의 지역**

⚓ 2014년 이후 **러시아군이 장악한 항구**

러시아 **군항 또는 군사 기지**

크림 대교
 2018년 5월 완공.
제한 높이를 두어 일부 선박(파나맥스급과 핸디맥스급)이
우크라이나의 두 심해항으로 가지 못한다.

2022년 러시아는 우크라이나 연안을 차지하려 했다.

 2월 중순 진행된 **러시아의 군사 작전**은 우크라이나에
사실상의 무역 제재를 가했다.

흑해에 배치된 **해군 병력**

아조프해의 심해항
러시아군의 타깃이 되었다.

2022년 3월 5일 **러시아군** 진군 상황

2월 24일 **북크림 운하와 카호우카 수력 발전소** 장악

러시아군과 우크라이나군의 주요 충돌지
흑해상

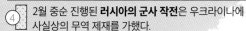 우크라이나의 **바닷길 봉쇄**

나토는 요충지인 흑해를 빼앗기지 않기 위해 군대를 배치했다.

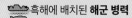 나토 회원국

 2021년 나토의 군함을 받아준 항

 가스관

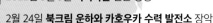 천연가스 매립지

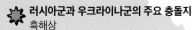

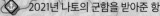

고대부터 교류의 장소였던 흑해—그 이전에는 지중해가 했던 역할—는 21세기에 들어서며 유럽연합의 자연 국경이 되는 듯했다. 루마니아와 불가리아는 흑해에 인접해 있다. 이 두 국가는 2007년에 유럽연합에 가입했다. 나토는 1987년 유럽연합에 가입하려 했던 튀르키예와 함께 두 국가를 매우 중요한 해상 요충지 주변국으로 간주했다.

유럽연합에게 흑해는 유럽에 공급될 에너지의 경유지였다. 러시아와 캅카스에서 출발한 석유와 천연가스는 주로 튀르키예를 거쳐 유럽으로 들어간다. 그래서 흑해는 지중해와 발트해 다음으로 유럽연합에 세 번째로 중요한 바다다. 반면 러시아에게 흑해는—북극해나 발트해와 비교해—'따뜻한 바다'로 갈 때 꼭 필요한 접근로다. 2011년 시작된 시리아 전쟁은 타르투스 항과 라타키아 항에서 군사 거점을 강화할 기회를 러시아에 제공했다. 이러한 전략적 측면에서 2014년 합병한 크림반도는 러시아에 흑해 연안의 전진 기지 역할을 하며 핵심적인 위치를 고수했다.

크림반도의 전략적 중요성

18세기 예카테리나 2세가 크림 칸국을 점령한 것은 제정 러시아 확장에 결정적인 전환점이었다. 1783년 세바스토폴에는 해군 기지가 건설되었다.

1917년 볼셰비키 혁명이 일어난 틈에 독립을 선언했던 우크라이나는 1922년 영토 대부분이 소련에 강제 통합되는 운명을 맞았다. 혼란과 소

요가 이어지던 몇 년 동안 프랑스와 영국은 오데사와 세바스토폴을 잠시 점령했고, 1919년에는 소련 '제국'이 흑해로 가는 큰 통로를 마련할 수 있었다.

냉전 당시 소련과 바르샤바조약기구(1955년) 회원국들은 소련화하는 흑해 주변국을 장악했다. 1952년 나토에 가입한 튀르키예만 예외였다. 1954년에는 크림반도가 우크라이나 소비에트 공화국에 합병되었다. 우크라이나인의 대규모 강제 이주가 함께 진행되었던 이 영토 이전은 페레야슬라프 조약 체결 300주년을 기린다는 단순한 목적을 가지고 있었다. 페레야슬라프 조약으로 (당시 자포리카 코자크가 통치했던) 우크라이나인들은 러시아 황제의 백성이 되었다. 이는 또한 니키타 흐루쇼프(1954~1963년 재임)로서는 우크라이나에 대한 애정을 보여주는 방식이었다. 그는 1938년에 우크라이나 공산당 총서기로 지명되었고 그때부터 정치 생명을 키웠다. 당시 소비에트 연방에서 정한 행정적 경계가 언젠가 여러 국가의 국경이 되리라고 상상한 사람은 아무도 없었다. 하지만 러시아의 전략적 이익에 반하여 크림반도는 실질적으로 우크라이나의 영토가 되었다.

1991년 소련이 붕괴하고 우크라이나가 독립하면서 소련 함대가 주둔했던 세바스토폴의 지위가 양국 회담의 중요한 쟁점으로 떠올랐다. 1997년 5월 28일 분할 협정이 맺어지면서 우크라이나가 함대의 17퍼센트(군함 80척)를, 러시아가 ▶

출처 : 미국 전쟁연구소 ; Liveuamap.com ; 해군 군사 전문지 《Naval News》 ; 군사 전문가 H. I. 서튼 ; *Blackseanews* ; L. Pétiniaud, "Du lac russe au lac OTAN ? Enjeux géostratégiques en mer Noire post-Crimée", *Hérodote* n°166-167(La Découverte, 2017) ; AFP ; 《르몽드》

83퍼센트(338척)를 가져갔다. 또 러시아 해군 기지는 20년 임대 계약을 맺어 세바스토폴에 그대로 두었다. 이 계약은 2017년 만료될 예정이었지만 2010년에 임대 기간을 연장했다.

'소련의 호수' 대 '나토의 호수'

1989년 베를린 장벽이 무너진 뒤 '소련의 호수' 흑해는 점진적으로 탈바꿈되었다. 러시아는 이제 파트너로 인식되었다. 지역 안정을 꾀하기 위해 흑해 주변국과 역내 국가 11개국(러시아, 우크라이나, 불가리아, 루마니아, 튀르키예, 조지아, 아르메니아, 아제르바이잔, 알바니아, 그리스, 몰도바)이 모여 흑해경제협력기구를 창설했다. 1992년 설립된 이 기구는 1999년에 실제 운영에 들어갔다. 러시아는 기구 내에서 서방의 영향력이 커지는 것을 용납할 수 없었다. 2000년대에 들어서는 나토와 유럽연합이 동유럽으로 확장하면서 서방의 영향력은 더 커졌다.

한편 흑해 주변국들은 나토를 자국의 유일한 안보 수단이라 생각하기 시작했다. 2000년 푸틴이 정권을 잡은 뒤 러시아는 점점 더 위협적인 존재가 되었다. 2004년 우크라이나의 '오렌지 혁명' 이후 푸틴은 러시아의 힘을 다시 찾겠다는 의지를 보였고, 그것은 2008년 조지아 침공으로 현실이 되었다.

뒤바뀐 권력 구도

2014년 크림반도를 합병한 러시아는 흑해에서 지리학자 루이 페티니오의 말대로 '역내 지배적인 권력'으로 자리 잡았다. 세바스토폴이 러시아의 품으로 돌아가면서 러시아는 군사적 입지를 강화했다. 이는 나토에 대항할 수 있는 억지력이었고, 지중해와 서아시아에 대한 대비 능력을 강화하는 수단이었다.

그와 동시에 러시아 정부는 보스포루스 해협과 다르다넬스 해협의 수문장인 튀르키예와 관계 강화에 힘썼다. 결국 튀르키예 정부는 2019년에 러시아의 방공미사일 S-400을 사들였다. 미국을 비롯한 나토의 파트너 국가들은 속이 쓰렸을 것이다. 튀르키예는 나토와 관계가 냉랭했지만, 그렇다고 아예 등을 돌리지는 않았다. 2022년 2월 레제프 타이이프 에르도안 대통령은 우크라이나의 영토 주권을 다시 한 번 지지했다. 튀르키예는 2019년부터 20대가량의 드론 바이락타르 TB2를 이미 우크라이나에 공급했다.

사실 흑해는 '러시아의 호수'가 아니라 '나토의 호수'다. 러시아의 크림반도 합병이 오히려 나토가 가진 흑해 주변 회원국들의 안보를 지키는 수호자 역할을 강화했으니 아이러니하다. 2016년 이지스와 같은 탄도미사일 방어 체계를 루마니아의 데베셀루 군사 기지에 배치한 것이 그 증거다. 조지아와 우크라이나가 자국의 안정과 주권을 지키기 위해 나토 가입을 원한다는 것도 마찬가지다.

2014년 이후 흑해 지역에서 우크라이나와 러시아의 갈등은 점점 고조되었다. 특히 양국을 아조프해로 이어주는 케르치 해협이 문제였다. 옛 '돈바스의 바다로 열린 문들'에서 다시 주인이 된 러시아는 우크라이나 선박들에 대한 위협을 멈추지 않았다. 유럽에 수출하는 밀과 철강을 실은 선박들이 러시아의 주요 항로에 접근하지 못하도록 제한한 것이다.

2021년 4월 러시아는 6개월 동안 '군함 및 기타 국가 선박의 러시아 연방 영해 통과'를 금지하기까지 했다. 나토는 즉각적으로 이 결정을 비난했다. 한편 우크라이나와 미국은 '우크라이나를 혼란에 빠뜨릴 사태 급변'과 러시아가 아조프해를 야금야금 장악하는 상황을 우려했다. 긴장이 극도로 치닫는 상황에서 이듬해 여름 흑해에서 '시 브리즈(Sea Breeze)' 합동 군사 훈련이 시작된 것이다. 1996년에 시작된 이 군사 훈련에는 나토 동맹국과 파트너 국가들이 참여한다.

크림반도 접근권 장악

2022년 2월 24일 러시아가 우크라이나를 침공하면서 흑해는 냉전 시대에 이어 또다시 러시아와 나토가 맞서는 대결의 장이 되었다. 흑해에서 군사 배치를 강화했던 러시아는 아조프해 연안을 장악하고 더 나아가 합병할 목적을 가지고 있다. 그럼으로써 러시아의 본토와 크림반도를 육상으로 잇는 길을 확보할 수 있기 때문이다. 이처럼 크림반도는 250년 이상 러시아에 전략적인 가치가 매우 높은 지역이다.

프랑크 테타르

1922년
소련의 지배가…

소련은 1922년 12월 소비에트 사회주의 공화국들을 규합하여 건국되었다. 그중에는 우크라이나와 크림반도가 포함되어 있었다. 18세기 말 예카테리나 2세가 만든 세바스토폴 항은 따뜻한 바다로 가는 좋은 통로였다. 이곳에 소련 함대가 주둔했다.

1954년
최고조에 달했다가…

흐루쇼프는 크림반도를 우크라이나 소비에트 공화국에 합병시켰다. 냉전 당시 흑해는 '소련의 호수'로 불렸다.

1991년
쇠하고 말았다.

소련의 붕괴로 15개의 공화국이 탄생했다. 우크라이나는 공식적으로 독립 국가가 되었다. 이로써 흑해 내 러시아의 영향력은 줄어들었다. 1991년 세바스토폴은 러시아와 우크라이나가 합의하여 양국 함대의 흑해 총사령부가 되었다.

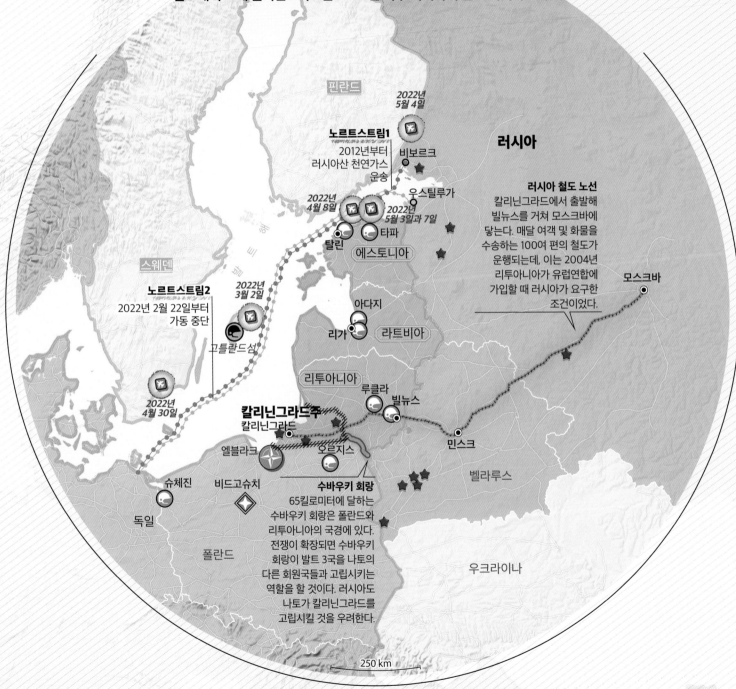

칼리닌그라드 : 나토의 발에 꽂힌 가시

발트해의 요새 칼리닌그라드는 2016년 이후 러시아의 전초 기지가 되었다.

핀란드

2022년 5월 4일

노르트스트림1
2012년부터
러시아산 천연가스
운송

비보르크

우스틸루가

2022년 4월 8일

2022년 5월 3일과 7일

타파

탈린

에스토니아

러시아

러시아 철도 노선
칼리닌그라드에서 출발해
빌뉴스를 거쳐 모스크바에
닿는다. 매달 여객 및 화물을
수송하는 100여 편의 철도가
운행되는데, 이는 2004년
리투아니아가 유럽연합에
가입할 때 러시아가 요구한
조건이었다.

모스크바

스웨덴

노르트스트림2
2022년 2월 22일부터
가동 중단

2022년 3월 2일

고틀란드섬

아다지

리가

라트비아

2022년 4월 30일

리투아니아

루클라

빌뉴스

칼리닌그라드주
칼리닌그라드

엘블라크

오르지스

민스크

슈체진

비드고슈치

수바우키 회랑

독일

수바우키 회랑
65킬로미터에 달하는
수바우키 회랑은 폴란드와
리투아니아의 국경에 있다.
전쟁이 확장되면 수바우키
회랑이 발트 3국을 나토의
다른 회원국들과 고립시키는
역할을 할 것이다. 러시아도
나토가 칼리닌그라드를
고립시킬 것을 우려한다.

벨라루스

폴란드

우크라이나

250 km

1 / 유럽연합에 둘러싸인 러시아의 영토

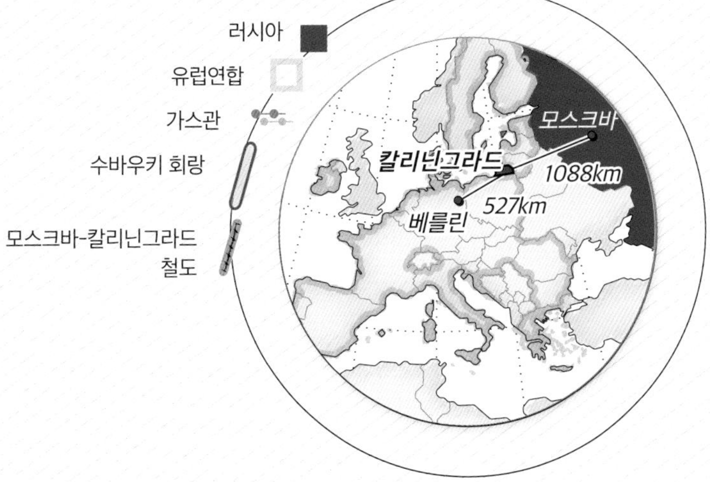

러시아
유럽연합
가스관
수바우키 회랑
모스크바-칼리닌그라드 철도

모스크바
칼리닌그라드
1088km
527km
베를린

2 / 군사 보루

채굴
△ 호박
△ 유류터미널
• 원유

집단안보조약기구
(아르메니아, 벨라루스, 카자흐스탄,
키르기스스탄, 러시아, 타지키스탄)

러시아의 발트 함대
총사령부

주요 항구

핵탄두를 탑재할 수 있는
탄도미사일 이스칸데르

2022년 러시아의
영공 침해

2021년 실시된 자파드 러시아-
벨라루스 합동 군사 훈련

리투아니아
칼리닌그라드주
얀타르니
크멜레프카
발티스크
스베틀리
엘블라크
칼리닌그라드
도브로볼스크
프라브딘스크
국 경 강 화
오르지스
폴란드

100 km

3 / 나토에 대응하기 위한 러시아의 전초 기지

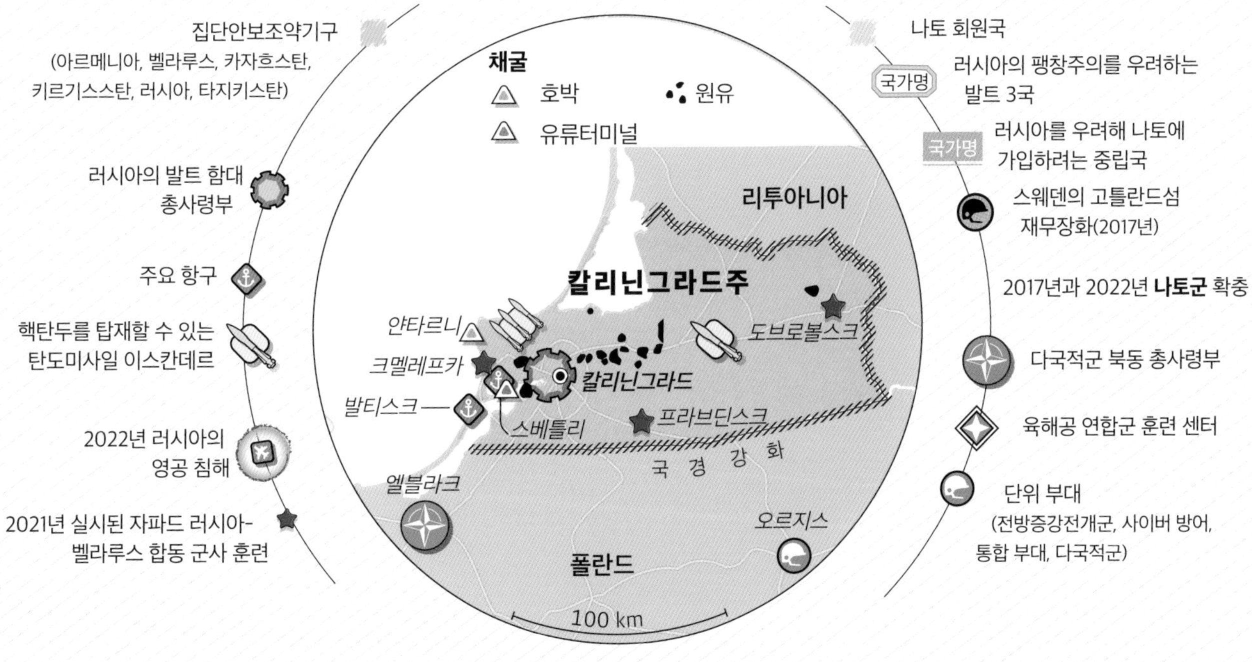

나토 회원국

국가명 러시아의 팽창주의를 우려하는
발트 3국

국가명 러시아를 우려해 나토에
가입하려는 중립국

스웨덴의 고틀란드섬
재무장화(2017년)

2017년과 2022년 **나토군** 확충

다국적군 북동 총사령부

육해공 연합군 훈련 센터

단위 부대
(전방증강전개군, 사이버 방어,
통합 부대, 다국적군)

출처 : C. Grataloup, P. Boucheron, *Atlas historique mondial* (Les Arènes/L'Histoire, 2019) ; F. Tétart, "Kaliningrad : une 'île' russe au sein
de l'Union européenne élargie", *Hérodote* n°118(2005) ; Liveuamap.org ; 미국 전쟁연구소 ; 북대서양조약기구 ;《르몽드》

소속 영토

독일

1937

소련

리투아니아

동프로이센

칼리닌그라드주의
현재 경계

폴란드

독일

칼리닌그라드는 동프로이센의 주도였고 쾨니히스베르크라고 불렸다.
1919년에 폴란드 회랑에 의해 독일 본토와 육로가 끊긴 적이 있다.

소련

1945~1946

소련

**1945년
합병된 영토**

쾨니히스베르크는 독일이 제2차 세계대전에서 패하고
러시아 영토가 되면서 칼리닌그라드로 불리기 시작했다.
1946년에 러시아 소비에트 연방 사회주의 공화국에 편입되었다.

폴란드와 리투아니아 사이에 낀 칼리닌그라드주(州)는 나토와 유럽연합 진영의 한가운데 놓인 러시아 영토다. 제2차 세계대전이 끝나고 스탈린이 합병시킨 칼리닌그라드주는 독일의 주도였던 동프로이센의 북부로 통하는 전략 지역이다. 발트해와 맞닿아 있는 이 지역에는 쾨니히스베르크(오늘날의 칼리닌그라드)와 필라우(오늘날의 발티스크)라는 두 항이 있다. 발트해에 있는 다른 러시아 항들과는 달리 연중 내내 얼음이 얼지 않는다. 그래서 칼리닌그라드는 냉전 시대에 소련, 이어 1991년부터 러시아의 방어를 위한 전략 요새가 되었다. 그러나 소련 붕괴 이후 발

트 3국이 독립하자 러시아 연방과 분리되었고, 그러는 바람에 발트해 주변국에 포위되는 형세가 되었지만, 발트해와 연결된 월경지가 되었다.

푸틴 대통령은 몇 년 전부터 북방 함대를 키우려고 했지만, 2022년 2월 초 초음속 미사일 킨잘(핵탄두를 실을 수 있으며, 전문가들은 수로 보나 효율성으로 보나 아직 이론의 여지가 있다고 평가하지만 러시아의 6대 신무기 중 하나로 꼽히는 것이 사실이다)을 탑재한 미코얀 MiG-31 전투기를 보낸 곳은 발트 함대가 있는 칼리닌그라드였다. 이로 인해 푸틴은 나토 진영 한가운데에 자국의 무기를 확충할 수 있었다. 2월 24일 우크라이나 침공이

있기 2주일 전이었다.

칼리닌그라드는 2014년 크림반도 합병 이후 러시아의 핵 요새로 탈바꿈했다. 2016년 핵탄두 탑재가 가능한 이스칸데르 미사일을 이곳에 배치해서 토치카(나토는 SS-21이라고 부른다) 탄도미사일을 대체한 것은 발트 3국 내 나토군 증강에 맞서기 위한 결정이었다. 사정거리 400~500킬로미터에 달하는 이스칸데르 미사일은 주변국 전체를 위협하고 있다. 여기에 차세대 방공망 체계인 SA-21, 바스티온-P(사정거리 300킬로미터)와 SPU-35V 레두트(사정거리 450킬로미터) 미사일을 갖춘 해안 방어 포대가 추가되었다. 칼리닌그

1991

러시아

에스토니아

러시아

라트비아
리투아니아

벨라루스

우크라이나

유럽연합

몰도바

발트 3국이 독립하면서 칼리닌그라드는
3개 국경이 가로막아 러시아 본토와 육로가 차단되었다.

2004

러시아

러시아

유럽연합 확대
2004년

유럽연합
2003년

칼리닌그라드는 유럽연합에 둘러싸였다.
유럽연합의 확대와 나토의 확장은 러시아와의 긴장을 고조시켰다.
칼리닌그라드를 잃고 싶지 않은 러시아는 이곳을 요새화했다.

라드를 성역화하고, 나토를 발트해 지역에 근접하지 못하게 할 목적이다.

러시아가 세력을 강화하고 서방에 대한 적개심이 점점 더 드러나는 발언을 일삼자 주변국의 불안이 커졌다. 수바우키 회랑은 리투아니아, 에스토니아, 라트비아를 다른 나토 회원국들과 이어주는 유일한 육상 접근로이며, 러시아의 동맹국인 벨라루스와 러시아군이 주둔한 칼리닌그라드를 단 65킬로미터로 이어주는 곳이다. 따라서 이곳은 발트 3국이 우려하는 또 다른 원인이다.

발트 3국의 불안감은 2월 초 킨잘 미사일 배치로 인해 더욱 커졌다. 사정거리가 2400킬로미터나 되는 것으로 알려진 킨잘 미사일은 마드리드와 리스본을 제외한 모든 서유럽 국가의 수도를 타격할 수 있다. 전쟁이 확장되면 칼리닌그라드에 주둔한 병력(약 1만 명)이 러시아의 전진 대공 방어의 일환으로 개입할 수 있으며, 폴란드에 소재한 대공 미사일 기지를 비롯해 나토의 시설들을 무력화할 수 있고 나토군의 발트해 접근을 막을 수 있다.

우크라이나 전쟁 발발 이후 칼리닌그라드를 둘러싼 지역 긴장이 악화되었다. 리투아니아는 2022년 6월 말부터 자국의 영토를 거쳐 칼리닌그라드주로 향하는 화물에 대한 유럽연합 제재를 적용하기 시작했다. 러시아는 이에 반발했다. 칼리닌그라드로 사람과 화물의 이동이 가능해진 것은 2002년 러시아와 유럽연합이 맺은 협약 때문이었다. 셍겐 조약으로 통행이 자유로운 유럽연합 지역에서 러시아 영토가 고립되어 있다는 점을 고려한 협약이었다. 러시아는 유럽연합이 이 협약을 어겼으며 이는 자국의 영토를 '봉쇄'하는 조치라고 비난했다.

프랑크 테타르

친러 성향의 트란스니스트리아

몰도바에 속하는 트란스니스트리아는 소련 붕괴 이후 독립을 선언했다.
이 지역은 몰도바와 우크라이나를 상대로 러시아의 영향력을 뒷받침하는
지렛대 역할을 한다.

루 마 니 아

우 크 라 이 나

소로카

카메카

리브니차

벌치

몰 도 바

트란스니스트리아

코바스나 탄약고
소련 시대에 생긴 유럽 최대의
탄약과 무기 저장 시설

친러 성향의
분리주의 내륙국

— 국경선

--- 국제연합이 인정하지
    않은 국경선

▢ 독립을 선포한 **트란스니스트리아**
   몰도바 공화국

◆ 러시아 군사 기지

⚙ 코바스나 탄약고

✸ 2022년 4월 말 원인 불명의
   폭발 발생

▢ 그 밖에 친러 성향의 자치 지역

수력 발전 댐

두버사리

카르마노바

운게니

프루트강

키시너우

구라 비쿨루이

티라스폴

티기나

러시아 군사 기지
1956년에 이곳에 주둔한
러시아 제14부대는 소련 붕괴
후에도 철수하지 않았다.
트란스니스트리아 지역의
러시아군작전그룹(OGRF)이
그 뒤를 이었다.

쿠치우르간 화력 발전소

정치적 긴장에도 불구하고
유지되는 몰도바와의 경제 관계

⚓ 내전 당시 파괴되었다가 일부 재건된
   드니스테르강 교각

〰 철도 또는 도로
   2000년대에 트란스니스트리아를 통과하는 철도 교통은
   분리주의자들에 의해 막히는 경우가 많았다.

◈ 구라 비쿨루이 교각
   2001년 재건되었고 화해와 협력의 의미로 2017년 말 재개통

◆ 트란스니스트리아 관할의 기반시설
   몰도바에서 소비되는 전기의 거의 전량이 트란스니스트리아에서
   생산된다.

브를라도

콤라트

가 가 우 지 아

가가우즈인들은
정교회를 믿는
튀르크계
소수민족이다.

오데사

팔란카

우 크 라 이 나

타라클리아

부 자 크

흑 해

10 km

연이은 외부 세력의 합병으로 만들어진 영토

1914

키이우

제정 러시아

오늘날의 몰도바

오늘날의 트란스니스트리아

오스트리아 헝가리 군주국

키시너우

오데사

루마니아 왕국

부쿠레슈티

흑해

제정 러시아

여러 제국이 탐내던 몰다비아 공국(1359~1859년)은 제정 러시아에 동부 지역을 빼앗겼다. 이후 흑해 지역에서 이미 쇠퇴해진 오스만 제국에 편입되었다. 제1차 세계대전 발발 직전 이 지역은 러시아 땅이었다.

1924

폴란드

키이우

소련

키시너우

오데사

루마니아 왕국

부쿠레슈티

흑해

루마니아 왕국과 소비에트 연방으로 갈라진 땅

제정 러시아가 무너진 뒤 드니스테르강 서쪽 지역은 1918년 루마니아 왕국으로 편입되었다. 동쪽 지역은 1924년 우크라이나 소비에트 공화국에 합병되었다.

1940~1990

키이우

소련

키시너우

오데사

루마니아

부쿠레슈티

흑해

소비에트 공화국의 탄생

1940년 루마니아 왕국의 할양으로 러시아는 1918년에 잃었던 땅을 되찾고 몰도바 소비에트 공화국을 만들었다.

러시아와 유럽이 세를 다투는 갈등 지역인 트란스니스트리아 몰도바 공화국은 지정학적 기형아다. 이곳에서 시작된 갈등은 멈춰 있다가 러시아의 우크라이나 침공 이후 다시 악화할 위기에 놓였다.

1990년부터 소련의 붕괴를 예상하게 한 이 지역—당시 인구 과반수가 로망스어를 사용했던 몰도바에서 러시아인과 우크라이나인은 비중이 53퍼센트를 넘었다—은 러시아의 품에 남기 위해 양분되었다. 1991년 8월 몰도바는 독립 국가가 되었다. 몇 달 뒤에는 몰도바 군대와 트란스니스트리아의 분리주의 세력이 충돌하며 내전이 일어났다. 러시아는 트란스니스트리아를 지지했다.

1992년 7월 21일 몰도바는 휴전을 받아들였고, 이로 인해 당시 인구의 17퍼센트가 거주했지만 GDP의 3분의 1을 차지했던 영토가 잘려나갔다. 그 이후 1500명의 러시아 병사가 트란스니스트리아에 상주한다. 트란스니스트리아는 우크라이나와 몰도바의 독립 이후 영향력을 잃은 러시아에는 전략 지역이었다.

2022년 2월 우크라이나 침공이 일어나자 트란스니스트리아가 러시아의 팽창주의에 대해 갖던 두려움이 다시 일었다. 러시아 정부는 트란스니스트리아에서부터 새로운 전선을 만들어 우크라이나 남부를 차지하고, 18세기 노보로시야('새로운 러시아') 연방국에 해당하는 지역으로 푸틴

이 자주 언급했던 돈바스까지 진출할 수 있었다.

4월 말에는 여러 차례의 폭발이 트란스니스트리아에 발생하면서 혼란 위기가 왔다. 트란스니스트리아와 러시아는 '우크라이나의 테러'라고 비난했고, 우크라이나는 러시아가 계획한 도발이라고 주장했다. 5월 3일 몰도바의 마이아 산두 대통령은 유럽연합 가입을 공식 요청했다. 이에 따라 몰도바는 2022년 6월에 열린 유럽연합 정상회의에서 우크라이나와 함께 가입 후보국 자격을 얻었다.

프란체스카 파토리

출처 : *Carto* n°70(Areion-Capri, 2022) ; F. Parmentier, "La Tranistrie", *Le Courier des pays de l'Est* (2007) ; A. Nonjon, *Le Grand Continent* (2018) ; T. Merle(Diploweb, 2016) ; AFP ;《르몽드》

PARTIE 4
푸틴이 일으킨 전쟁

푸틴은 1999년에 집권하자마자
러시아의 영토 주권을 지킨다며 체첸에서
전쟁을 벌였다. 그 이후 조지아, 시리아,
돈바스와 우크라이나에서 네 차례의
전쟁을 일으켰다. 강력한 러시아의
부활을 보여주고 크렘린궁의 주인으로서
인기를 높이기 위해서였다.

'우크라이나 전쟁'이라는 건 없다. 그것은 2022년 2월 24일 푸틴이 이웃 국가를 굴종시키고 그 국가의 대통령인 볼로디미르 젤렌스키, 그리고 '나치 정권'으로 규정한 정부를 제거하려고 시작한 '특별 군사 작전'이다. "전쟁이란 상대국이 독립 국가라는 전제가 필요하다. 그러나 푸틴은 우크라이나를 인정하지 않기 때문에 그의 머릿속에서 이것은 경찰 작전에 불과하다." 구소련과 러시아를 연구하는 역사가 프랑수아즈 톰은 이렇게 말한다. 우크라이나의 저항은 적어도 전쟁 첫 단계에서 러시아의 계획을 망쳐놓았다. 남은 것은 금기다. 러시아에서는 '전쟁'이라는 말만 해도 15년 형을 살아야 하므로 마지막 남은 러시아 독립 언론 매체들은 자진 폐업했다. 금기를 규정한 3월 4일 법을 용감히 어긴 시민들은 구속되었다.

　20년 넘게 집권한 푸틴은 똑같은 술책을 써서 네 차례의 전쟁을 일으켰다. 수호이 전투기를 직접 몰기까지 하며 일으킨 제2차 체첸 전쟁(1999~2009년)은 '반테러 작전'이었고, 2008년 조지아 전쟁은 러시아 여권이 발급되는 남오세티야와 압하지야 분리주의 지역에서 '자국 시민을 보호하기 위한' 작전이었다. 2015년 시리아에서 시작된 전쟁은 동맹인 알아사드 대통령의 '요청에 따라' '국제 테러리스트들을 진압하기 위해' 이루어진 '개입'일 뿐이었다. 2014년에는 우크라이나 동부의 돈바스 지역에 배치된 러시아 병력의 존재 자체를 부인했다.

　'전쟁'은 크렘린궁 주인의 사전에는 없는 단어다. 예외가 있다면 1941~1945년에 벌어진 '대조국전쟁'뿐이다. 5월 9일 치러지는

이 전쟁의 기념식은 해가 갈수록 규모가 웅장해졌다. 이는 과거를 기억하기 위해서가 아니라, 희생정신과 더불어 러시아가 과거처럼 포위당할 것이라는 불안을 국민에게 주입하기 위한 것이었다.

선출된 '총사령관'

2014년에 크림반도를 합병한 러시아는 대국민 선전을 강화했다. 청년에게 주로 무기 다루는 법을 가르치는 군사 애국 운동인 유나르미아가 2016년에 시작되었다. 소셜네트워크에는 전쟁을 찬양하는 노래들이 넘친다. 군복을 입은 아이들은 <댜댜 보바>— '보바 삼촌'이라는 뜻으로, 푸틴의 애칭이다—를 부른다. 후렴구는 이렇다. "북극의 바다에서 남쪽 나라까지/ 발트해에서 멀고 먼 쿠릴 열도까지/ 우리가 원하는 건 평화지만 만약 위대한 지도자가 우리를 부른다면/ 마지막 전투에서/ 보바 삼촌, 우리는 당신과 함께할 거예요."

　대통령에 네 번째로 당선되기 석 달 전인 2018년 5월 1일, 푸틴은 깜짝 놀랄 연설을 했다. 1812년 조국 전쟁 승전 500주년을 기념하기 위해 19세기에 세워진 모스크바 마네지에 모인 정치, 종교, 군사 분야의 인사들 앞에서 그는 러시아의 '신전략무기'를 매우 자세하게 설명했다. 그중 RS-28 사르마트는 '북극과 남극까지 겨냥할 수 있는 무적의' 대륙간 탄도미사일이고, 핵탄두를 탑재한 '보이지 않는' 킨잘은 '초음속' 미사일이다. 푸틴 뒤에 설치된 대형 스크린에는 미국을 향해 곧장 날아가는 미사일들의 모습이 보였다. 푸틴은 이런

화면을 보여주면서 "러시아가 거두는 특별한 승리의 시대"를
선언했다.

"우리는 러시아가 대통령이 아니라 총사령관을 선출한다는 것을
알고 있었다. 미래 비전을 오랫동안 찾아본 결과 러시아는 군사화를
선택했다. (중략) 전선을 위해 모든 것을, 승리를 위해 모든 것을."
2018년 3월 7일 카네기국제평화재단 모스크바 센터가 발표한
글에서 러시아 기자 안드레이 페르체프는 이렇게 평했다.

프랑스 국제관계연구소(IFRI)의 안보연구센터 소장 엘리
테넨봄은 "푸틴은 힘과 전쟁을 믿는다. 그는 세계 그 어떤
지도자보다 더 군비와 군사 설비에 관심이 많다. 그에게 군사라는
도구는 국제관계에 매우 중요한 자리를 차지한다. 갈등이
깊어질수록 러시아와 세계의 관계는 새로운 균형을 찾기 때문이다"
라고 지적했다. 전쟁을 누구보다 옹호하는 푸틴이 국민에게 강제한
전쟁 숭배는 반서방 애국주의, 소련에 대한 향수, 동방 정교회라는
종교가 혼합된 결과물이다. 그는 갈등에 의해, 갈등을 위해 만들어진
세계를 그린다.

2022년 2월 24일 텔레비전으로 방송된 대국민 담화에서 푸틴은
우크라이나 침공을 "(나토의) 군사 음모가 진행 중이다"라며
정당화했다. 그는 "냉전의 승리자를 자처했던 자들이 도취 상태,
천박한 문화 규범과 얽힌 근대적 절대주의를 만들었다"고 말했다.
"(소련이 붕괴하자) 그들은 곧바로 우리를 없애려 했고, 우리를 완전히
파괴하려 했다. (중략) 이른바 서방 공동체가 분리주의와 러시아

푸틴은 힘과 전쟁을 믿는다. 그는 세계 그 어떤 지도자보다 더 군비와 군사 설비에 관심이 많다.

남부의 용병 무리를 적극적으로 지지했다." 이제 주변국에는
'적대적인 반러시아 세력'이 나타날 것이다.

푸틴은 "국가의 명운이 달린 일이다"라며 담화를 마쳤다. 독립
또는 민주주의를 원하는 타국 국민의 열망은 중요하지 않다. 그는
'전쟁'이라는 말을 단 한 번도 쓰지 않았지만, 그가 전쟁을 염두에
두고 있다는 것은 연설 전반에 스며들어 있었다.

이자벨 망드로 & 마지드 제루키

전쟁 숭배

푸틴은 20년 동안 캅카스에서 흑해를 거쳐 지중해에 이르기까지 여러 전선으로
자국 병사들을 보냈다. 그는 러시아의 군사력을 정치의 핵심으로 삼았다.

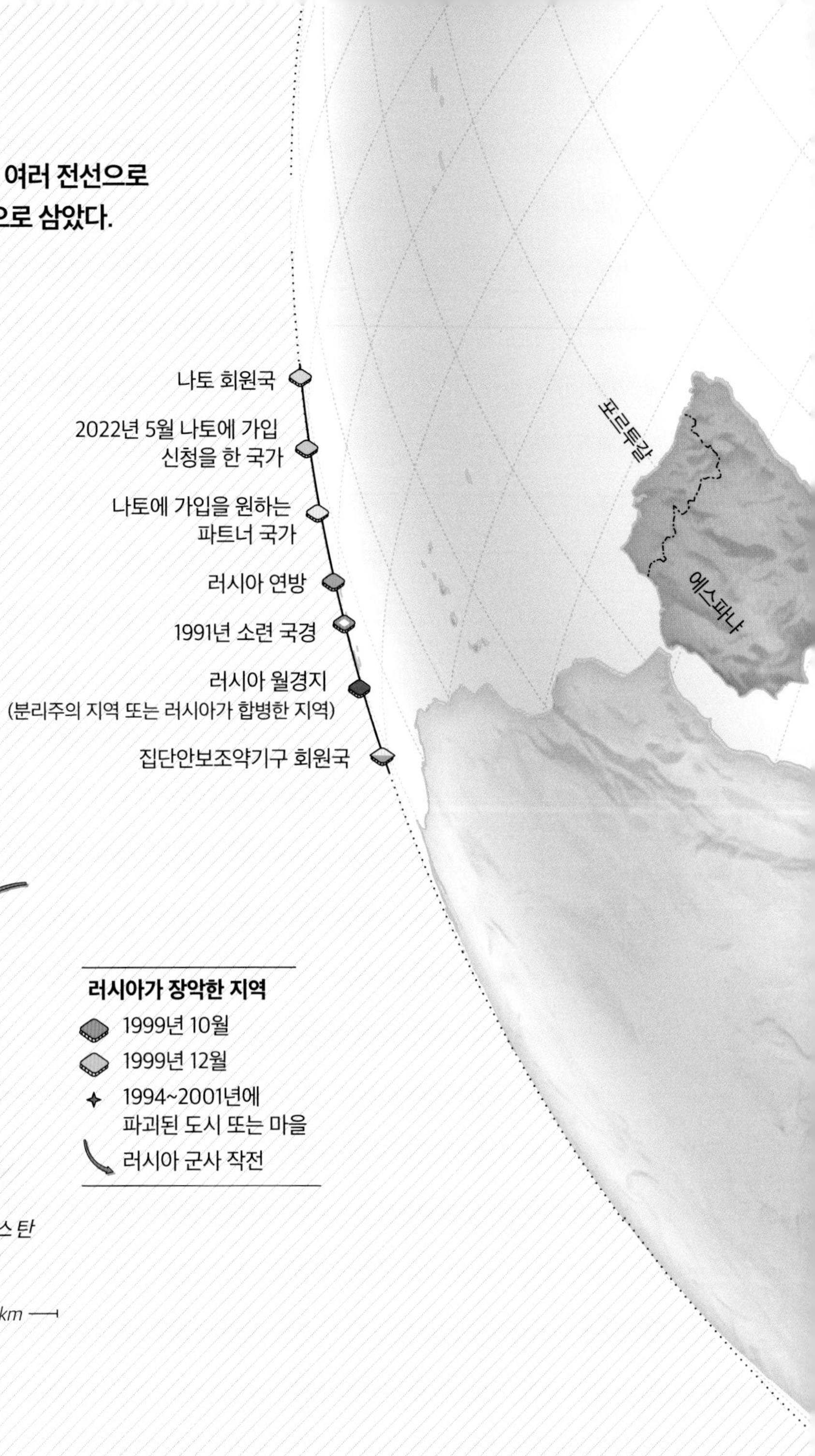

1 **체첸** | 1999~2009년

1999년 9월 러시아 총리였던 푸틴은 체첸에서 '반테러
작전'을 개시했다. 그는 체첸 분리주의자들이 러시아에서
테러를 저질렀다고 비난했다. 1994~1996년 제1차 체첸
전쟁으로 이미 폐허가 되었던 그로즈니는 또다시 폭격을
맞았다. 이 지역 장악은 아흐마트 카디로프가 정권을
잡으면서 불가능해졌다. 러시아의 새로운 권력자로
떠오른 푸틴은 2000년 대선 제1차 투표에서 승리를
거머쥐었다.

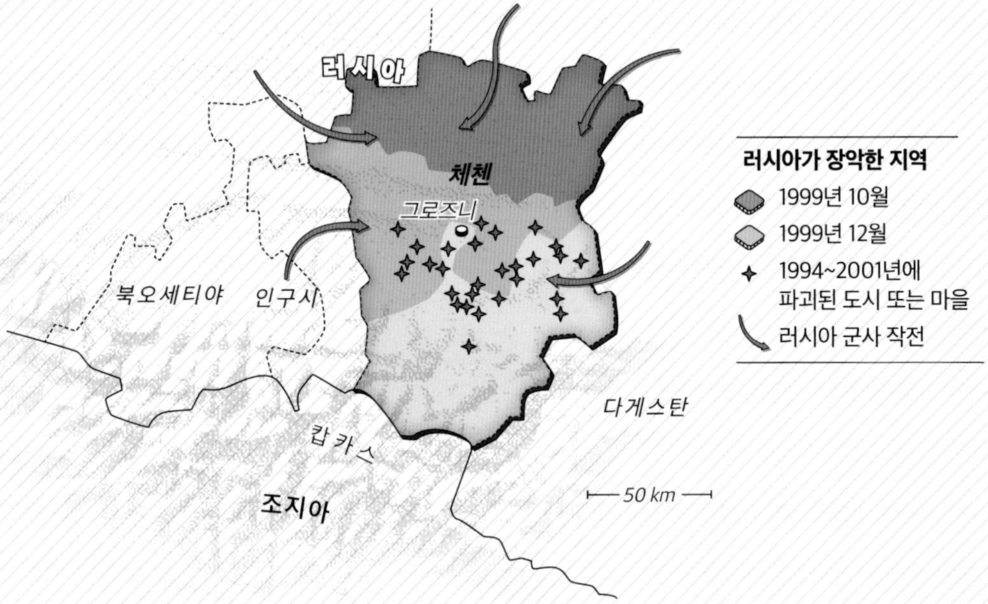

나토 회원국

2022년 5월 나토에 가입
신청을 한 국가

나토에 가입을 원하는
파트너 국가

러시아 연방

1991년 소련 국경

러시아 월경지
(분리주의 지역 또는 러시아가 합병한 지역)

집단안보조약기구 회원국

포르투갈

에스파냐

러시아

체첸

그로즈니

북오세티야   인구시

캅카스

조지아

다게스탄

러시아가 장악한 지역

◈ 1999년 10월
◇ 1999년 12월
✦ 1994~2001년에
   파괴된 도시 또는 마을
↩ 러시아 군사 작전

— 50 km —

출처 : 스톡홀름국제평화문제연구소 ; Airwars.org ; Liveuamap ;
미국 전쟁연구소 ; 《르몽드》

영국
노르웨이
스웨덴
핀란드
덴마크
네덜란드
에스토니아
벨기에
라트비아
룩셈부르크
독일
리투아니아
프랑스
폴란드
벨라루스
러 시 아
◇
모스크바
스위스
체코
오스트리아
슬로바키아
키이우
◇
슬로베니아
헝가리
우 크 라 이 나
7
크로아티아
루마니아
돈바스
카자흐스탄
이탈리아
보스니아
헤르체고비나
몰도바
도네츠크
인민공화국과
루한스크
인민공화국
몬테네그로
세르비아
3
코소보
불가리아
합병된 크림반도
체첸
1
북마케도니아
알바니아
2
그리스
조지아
아제르바이잔
몰타
아르메니아
6
나고르노
카라바흐
튀르키예
리비아
시리아
4
키프로스
5

2 조지아 | 2008년

남오세티야의 분리주의 세력과 조지아 군대가 몇 차례의 교전을 벌이자 조지아 정부는 군사 개입에 돌입했다. 전쟁은 압하지야까지 확대되었다. 러시아는 분리주의 세력을 지지하기 위해 병사 4만 명을 보냈다. 석 달 뒤 나토는 "우크라이나와 조지아가 표명한, 서유럽에 편입하고자 하는 바람"을 환영했다. 그리고 닷새 만에 조지아 군대가 초토화되었다. 러시아는 압하지야와 남오세티야의 독립을 승인했고, 여전히 조지아 영토의 20퍼센트를 장악했다.

- 러시아가 인정한 독립 공화국
- 조지아의 공격
- 러시아 군사 작전
- 러시아군이 임시 점령한 조지아 영토(2008년)

소치
러시아
압하지야
흑해
바투미
남오세티야
조지아
트빌리시
카스피해
아르메니아
예레반
아제르바이잔
바쿠
튀르키예
이란

├── 200 km

3 우크라이나 | 2014년

러시아는 3월 주민 투표를 통해 크림반도를 합병했고, 한 달 뒤인 4월 우크라이나 동부 돈바스 지역의 분리주의자들이 독립을 선포하며 러시아의 군사적 지원을 받아 전쟁을 일으켰다.

- 우크라이나 소재 러시아 해군 기지
- 러시아군 배치

벨라루스
러시아
키이우
우크라이나
돈바스
루한스크
도네츠크
독립을 선언한 인민공화국
몰도바
루마니아
아조프해
크림반도
러시아가 2014년 3월 16일 주민 투표 결과에 따라 합병한 영토
세바스토폴
크림반도
흑해
소치
조지아
튀르키예

├── 300 km

출처 : 스톡홀름국제평화문제연구소 ; Airwars.org ; Liveuamap ; 미국 전쟁연구소 ; 《르몽드》

4　시리아 | 2015년~현재

9월 30일 푸틴은 영토의 극히 일부만 장악한 시리아 정권을 구하기 위해 대규모 군사 개입을 시작했다. 대대적 공습으로 상황은 역전되었고, 알아사드는 정권을 유지할 수 있었다. 러시아 군대는 지중해 동부 지역에 있는 전략 군사 기지를 철수하지 않았다.

2019년 10월 상황
(제2차 러시아-튀르키예 조약)

- 시리아 정권
- 튀르키예 군대
- 쿠르드-아랍군
- 반군과 지하디스트
- 러시아 기지
- 러시아군의 폭격
- 러시아 감시소
  (2017년 아스타나 양해각서)

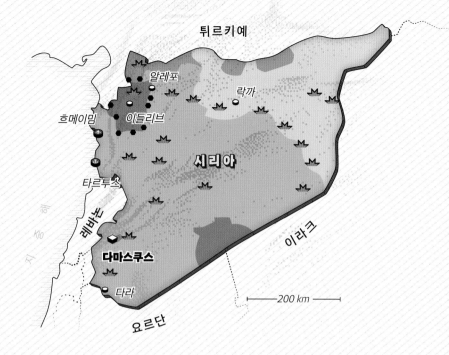

5　리비아 | 2016년~현재

러시아는 2011년 나토와 리비아 반군의 공세로 카다피가 몰락하고 사망하자 이를 수치로 받아들였다. 러시아는 오랫동안 소련 중심으로 돌아가던 이 지역에서 영향력을 잃어가고 있었다. 2016년 리비아에서 두 번째 내전이 발생하자 러시아는 무기와 용병을 보내 리비아 정부와 맞선 칼리파 하프타르를 지지했다.

2016년 상황

- 2015년 말 국제연합의 지원으로 구성된 통합성무(GNA)
- 러시아가 지원한 칼리파 하프타르의 국민군
- 러시아 용병 파견

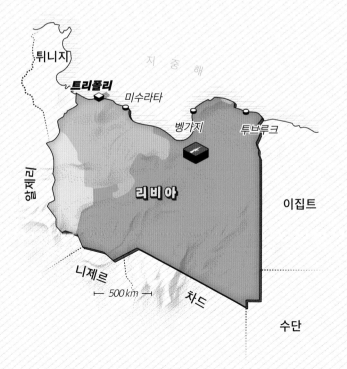

6 나고르노카라바흐 | 2020년~현재

9월 말 아제르바이잔이 공격을 감행해 승리하면서 아르메니아가 지원하던
나고르노카라바흐의 분리주의 지역을 되찾았다. 아르메니아와 군사 동맹을 맺은
러시아는 분쟁에 직접 개입하지 않고 중재자로 나섰다. 11월 9일 맺어진 평화
협정에 따라 러시아는 이 지역에 2000명의 병사를 5년 동안 배치하기로 했다.
이로써 러시아는 캅카스 남부에서 군사적 입지를 강화했다.

나고르노카라바흐 지역

— 1994년 휴전선

2020년 아제르바이잔이
다시 장악한 지역

중재국 러시아의 군대 배치

7 우크라이나 | 2022년~현재

'나치' 국가이자 '불법' 국가에 거주하는 러시아 민족과 러시아어를
사용하는 주민을 보호한다는 명목하에 푸틴은 2월 24일
우크라이나를 침공했다. 이때 벨라루스에 주둔한 병력을 사용하고
동맹국인 도네츠크 및 루한스크 인민공화국의 지원을 받았다.
이 '특별 군사 작전'은 그가 공격적이라고 비난한 나토에 맞서
러시아의 힘을 재천명하는 기회가 되었다.

4월 20일 상황

러시아군 주둔지
전초지 및 작전지
합병된 영토
친러 세력이 장악한
분리주의 지역

러시아군이 장악한
주요 도시
러시아가 장악한
원전
우크라이나군이
회복한 영토

얼리 테넨봄에 따르면, "군 현대화가 다소 표면적으로 이루어진다. 러시아는 최첨단 프로토타입을 개발할 능력은 있지만 그것을 대량 생산할 능력은 없다. 킨잘 미사일은 이스칸데르(단거리 및 중거리 탄도미사일)의 공대지(空對地) 버전일 뿐이다. 러시아군은 소련 시절의 재고품으로 연명하는 수준이다." 지휘부는 무질서하고, 현장 병력은 통일되지 않은 명령 때문에 혼란스럽다.

더 심각한 문제는 '우크라이나 특별 작전'을 구상한 방식이 소련 시절의 전쟁을 연상케 한다는 점이다. 1979년 소련과 거리를 두려 했던 하피줄라 아민이 아프가니스탄에서 정권을 잡았고, 인접국인 아프가니스탄에서 미국의 영향력이 커지자 러시아가 개입 결정을 내렸다. 특별군이 대통령궁을 공격하고 아민 대통령을 처단했으며, 그 자리에 아프가니스탄 공산당 내에서 아민의 경쟁자였던 바브라크 카르말을 앉혔다.

우크라이나에서는 젤렌스키 대통령을 제거하거나 적어도 그를 잡으려던 계획이 실패했다. "러시아는 우크라이나에서 아프가니스탄 상황을 재연하려 했다. 대규모 병력을 보내 대통령을 죽이고 키이우 공항을 장악하려 했다. 이는 우크라이나를 장악하려는 목적이 아니라 정권을 참수하겠다는 목적이다." 프랑스 국제관계연구소의 연구원 장-크리스토프 누엘은 이렇게 말했다. 푸틴도 러시아에 새로운 제재가 가해지리라는 것은 예상했겠지만, 유럽과 미국이 이 정도로 반격하리라고는 예상하지 못했을 것이다. 나토 동맹국이 우크라이나에 대규모로 무기를 보내리라는 것도 말

이다.

반응은 즉각적이었다. 푸틴은 핵으로 위협하고 나섰다. "생존을 위한 이익을 보장해주고 서방의 개입을 미리 막고자 핵을 사용하는 것이다. 이를 공격적 성역화라고 부른다. '이기지는 못하겠지만 지지도 못하겠다'라는 뜻이다." 테넨봄은 이렇게 분석했다.

푸틴만 이런 모험에 나선 것은 아니다. 우크라이나 공격의 후진 기지로 쓰인 벨라루스의 은밀한 합병은 공동 군사 독트린을 만들기에 이르렀다. 2021년 푸틴과―그보다 1년 전 대선 부정선거에 대한 시위 당시 러시아에 빚진―루카셴코 벨라루스 대통령이 승인한 이 독트린은 양국이 "양국 중 한 국가에 대한 모든 군사적 행동을 '공동 국가'[크렘린궁이 시작한 옛 통합 계획을 떠올린다]에 대한 침해로 간주하고, 보유한 모든 수단을 동원해 적절한 조치를 취한다"라고 명시하고 있다고, 러시아 경제 일간지 《콤메르산트》가 밝혔다. '위험' 목록에는 "공동 국가 외부에서 나토의 잠재력 증가"가 들어가 있다. 이 문서는 "러시아 핵무기가 핵전쟁 및 전통 핵무기가 사용되는 군사 분쟁의 발발 예방에 여전히 중요한 요소가 될 것"이라고 강조한다.

장악해야 할 국내 전선

끝까지 전쟁을 할 것인가? 잠깐의 마비 상태가 지나고, 시리아에서 그랬듯이 정보를 장악하려는 움직임이 우크라이나에서도 보였다. 매일같이 러시아 군대의 대변인들은 적군이 입은 피해에 관한―확인 불가능한―통계를 읊어댄다. 목격자

가 넘치는 러시아군의 수탈에 관해서도 부인하는 자세로 맞받아치고 있다. 국내적으로도 똑같은 비법이 적용되었다. 3월 1일 러시아 반정부 사이트 메디아조나는 고등학교 교사들이 우크라이나 전쟁을 '평화 회복 작전'으로 가르치라는 지시를 받았다고 전했다.

교사들에게 전달된 자료에는 2월 24일 푸틴의 대국민 연설 요약본도 들어 있다. 거기에는 '우크라이나는 20세기까지 존재하지 않던 나라였다, 2014년에 우크라이나에서 쿠데타가 터졌다, 크림반도는 러시아 땅이다'라는 내용이 담겨 있다. 학생들이 할 질문에 미리 정해둔 답변까지 전달되었다. "왜 군사 행동이 진행 중인가요?" "러시아 국경으로 나토가 점점 밀고 들어오는 것은 우리 모두에게 위험하기 때문이에요. 이라크, 리비아, 시리아를 보면 알 수 있어요. 게다가 우크라이나는 핵무기도 만들 수 있어요."

푸틴은 두 개의 전쟁을 치르는 셈이다. 바깥에서 벌이는 야만적이고 극단적인 전쟁과, 안에서 치르는 억압적인 전쟁 말이다. 우크라이나 침공은 러시아 사회 억압과 동시에 진행되고 있다. 2021년 12월 말 러시아 대법원이 인권 단체 '메모리알'을 해체하라는 명령을 내린 것이 그 증거다. 스탈린의 범죄와 체첸 등지에서 벌어진 수탈을 밝히는 일을 하는 이 유명한 단체는 "나치 범죄자들을 사면 복권한다"는 누명을 썼다. 메모리알은 러시아가 저지르는 과거와 현재의 소행들이 비슷하다고 고발하는, 마지막으로 인정받고 있는 러시아의 NGO다.

이자벨 망드로 & 마지드 제루키

국방비 증가 : 푸틴의 야망을 보여주는 신호

1990년대에 줄어든 러시아 국방 예산은 푸틴 집권 이후 상승했다.
이 예산은 이후 계속 늘어나다가 2012년 푸틴이 재집권하면서 확연히 증가했다.
군비 증강으로 푸틴은 다섯 번의 전쟁을 벌였다.

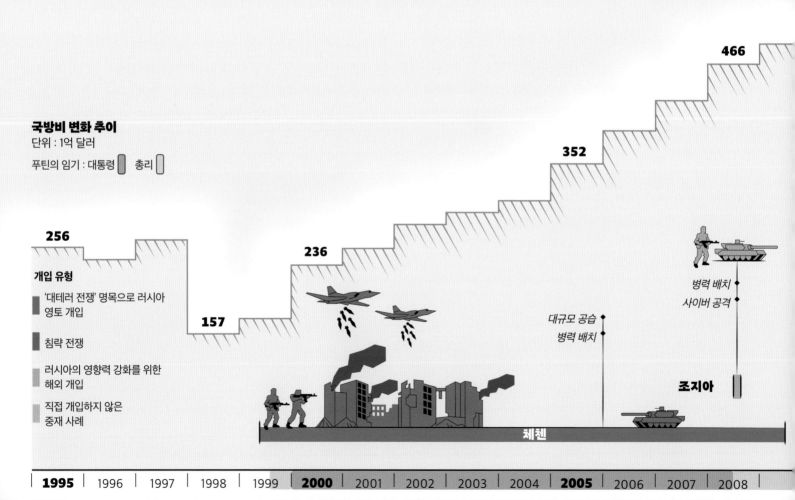

국방비 변화 추이
단위 : 1억 달러

푸틴의 임기 : 대통령 ▯ 총리 ▯

개입 유형

■ '대테러 전쟁' 명목으로 러시아
영토 개입

■ 침략 전쟁

■ 러시아의 영향력 강화를 위한
해외 개입

■ 직접 개입하지 않은
중재 사례

256

157

236

352

466

대규모 공습
병력 배치

병력 배치
사이버 공격

조지아

체첸

| 1995 | 1996 | 1997 | 1998 | 1999 | 2000 | 2001 | 2002 | 2003 | 2004 | 2005 | 2006 | 2007 | 2008 |

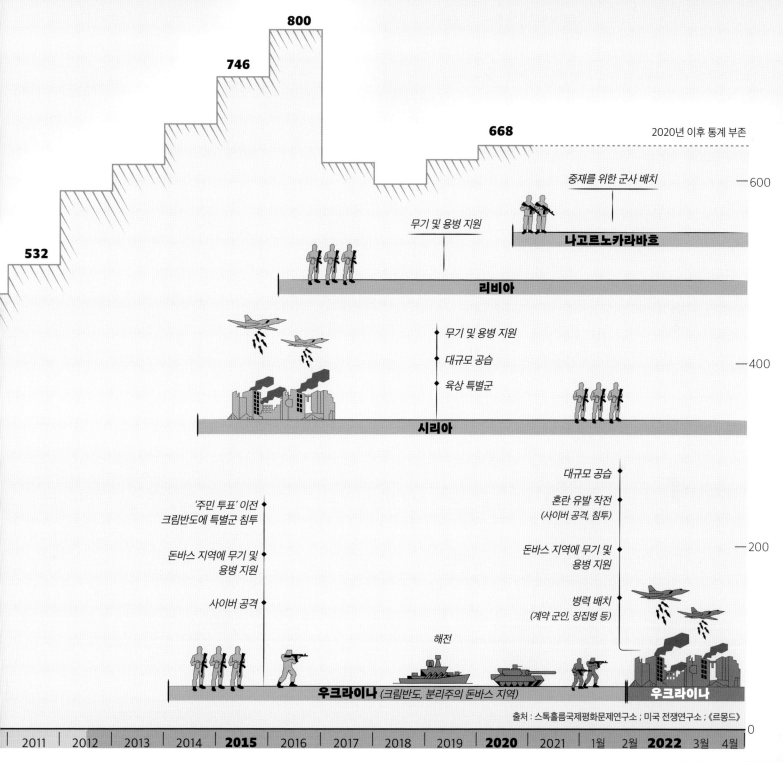

800

746

668

2020년 이후 통계 부존

532

600

중재를 위한 군사 배치

무기 및 용병 지원

나고르노카라바흐

리비아

무기 및 용병 지원

대규모 공습

400

육상 특별군

시리아

대규모 공습

'주민 투표' 이전
크림반도에 특별군 침투

혼란 유발 작전
(사이버 공격, 침투)

돈바스 지역에 무기 및
용병 지원

돈바스 지역에 무기 및
용병 지원

200

사이버 공격

병력 배치
(계약 군인, 징집병 등)

해전

우크라이나 (크림반도, 분리주의 돈바스 지역)

우크라이나

출처 : 스톡홀름국제평화문제연구소 ; 미국 전쟁연구소 ; 《르몽드》

0

| 2011 | 2012 | 2013 | 2014 | **2015** | 2016 | 2017 | 2018 | 2019 | **2020** | 2021 | 1월 | 2월 | **2022** | 3월 | 4월 |

러시아가 시리아에서 거둔 군사적 성공

2015년 러시아의 미그와 수호이 전투기들이 시리아 영공에 도달하자 육상의 판세가 뒤바뀌었다.
집중 공습 작전을 수행하기 위해 보내진 전투기들은 '테러리스트'로 불린 반군을 초토화했다.
이 작전으로 러시아는 알아사드 정권에게 다라—다마스쿠스—알레포를 잇는
시리아의 요충지를 돌려주었다.

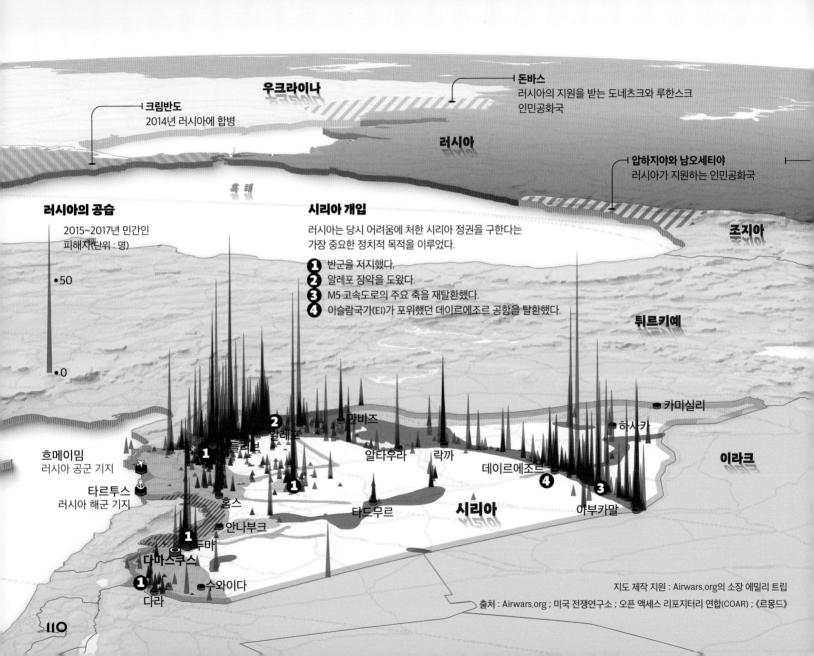

돈바스
러시아의 지원을 받는 도네츠크와 루한스크
인민공화국

크림반도
2014년 러시아에 합병

우크라이나

러시아

압하지야와 남오세티야
러시아가 지원하는 인민공화국

흑 해

조지아

러시아의 공습

2015~2017년 민간인
피해자(단위 : 명)

•50

•0

시리아 개입

러시아는 당시 어려움에 처한 시리아 정권을 구한다는
가장 중요한 정치적 목적을 이루었다.

❶ 반군을 저지했다.
❷ 알레포 장악을 도왔다.
❸ M5 고속도로의 주요 축을 재탈환했다.
❹ 이슬람국가(EI)가 포위했던 데이르에조르 공항을 탈환했다.

튀르키예

카미실리

하사카

이라크

흐메이밈
러시아 공군 기지

타르투스
러시아 해군 기지

만비즈

❷ 알레포
이들리브

알타우라

락까

데이르에조르 ❹

❸

❶

❶
홈스

타드무르

시리아

야부카말

안나부크

❶
두마
다마스쿠스

수와이다

❶
다라

지도 제작 지원 : Airwars.org의 소장 에밀리 트립

출처 : Airwars.org ; 미국 전쟁연구소 ; 오픈 액세스 리포지터리 연합(COAR) ; 《르몽드》

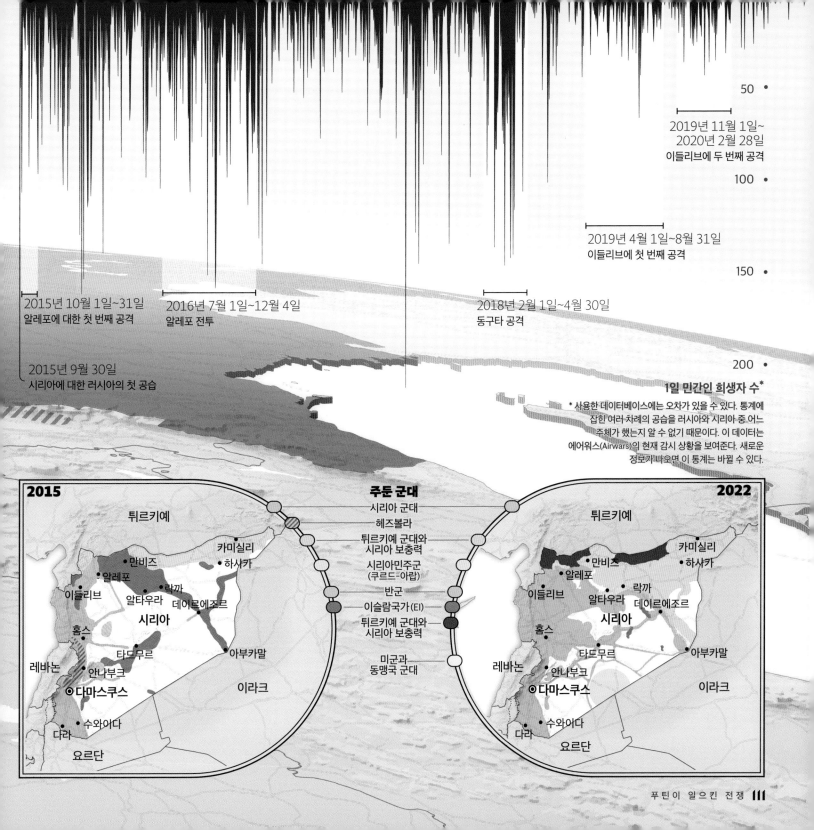

2019년 11월 1일~
2020년 2월 28일
이들리브에 두 번째 공격

50

100

2019년 4월 1일~8월 31일
이들리브에 첫 번째 공격

150

2015년 10월 1일~31일
알레포에 대한 첫 번째 공격

2016년 7월 1일~12월 4일
알레포 전투

2018년 2월 1일~4월 30일
동구타 공격

2015년 9월 30일
시리아에 대한 러시아의 첫 공습

200

1일 민간인 희생자 수*

* 사용한 데이터베이스에는 오차가 있을 수 있다. 통계에
잡힌 여러 차례의 공습을 러시아와 시리아 중 어느
주체가 했는지 알 수 없기 때문이다. 이 데이터는
에어워스(Airwars)의 현재 감시 상황을 보여준다. 새로운
정보가 나오면 이 통계는 바뀔 수 있다.

2015

튀르키예

카미실리

만비즈
알레포 · 하샤카
이들리브 · 락까
알타우라 데이르에조르
시리아
홈스
타드무르 아부카말
레바논 안나부크
◎다마스쿠스 이라크

다라 · 수와이다

요르단

주둔 군대

시리아 군대
헤즈볼라
튀르키예 군대와
시리아 보충력
시리아민주군
(쿠르드-아랍)
반군
이슬람국가(EI)
튀르키예 군대와
시리아 보충력

미군과
동맹국 군대

2022

튀르키예

카미실리

만비즈
알레포 · 하샤카
이들리브 락까
알타우라 데이르에조르
시리아
홈스
타드무르 아부카말
레바논 안나부크
◎다마스쿠스 이라크

다라 · 수와이다

요르단

캅카스에 다시 군사적으로 투자하는 러시아

소련 붕괴 이후 역내 영향력을 잃은 러시아는 나고르노카라바흐에서 아르메니아가 패전한 틈을 타
아제르바이잔에 다시 뿌리 내리기 위한 기회를 잡았다.

아스트라한

러시아

바쿠~
노보로시스크

크라스노다르

압하지야와 남오세티야
*2008년 닷새간 벌어진
러시아-조지아 전쟁 이후 러시아가
인정한 조지아의 분리주의 영토.
그러나 국제사회가 인정하지는 않았다.*

소치

구다우타 **압하지야**

엘브루스산
5642 m

시하라산
5193 m

코시탄타우산
5150 m

카즈벡산
5047 m

그로즈니

마하치칼라

알라기르

블라디카프카스

오세티야
군용 도로

조지아
군용 도로

흑해

바쿠~숩사

쿠타이시

남오세티야

츠힌발리

바자르뒤지산
4466 m

캅카스
횡단 도로

볼
쇼
이
캅
카
스
산
맥

트빌리시

바투미 **아자리야**

조지아
1991년 4월 9일

아자리야
*1991년 독립 의사를 표명했던
자치 공화국. 조지아에서 유일하게
자치 지역 지위를 얻은 곳이다.*

트라브존

규므리

카르스

바쿠~트빌리시~
에르주룸

말
리
캅
카
스
산
맥

간자

아제르바이잔
1991년 8월 30일

아르메니아
1991년 9월 21일

에르주룸

나고르노카라바흐

예레반

아라라트산
5137 m

스테파나케르트

아르메니아와
나고르노카라바흐 사이에 있는
라친 회랑

바쿠~트빌리시~
제이한

튀르키예
*튀르키예는 아제르바이잔을 대거
지원했지만, 휴전 상태를 감시하는 역할을
러시아에 넘겨야 했다.*

나흐츠반 자치 공화국
*지금까지 아르메니아에 의해
본토에서 분리된 아제르바이잔의
자치 공화국*

나흐츠반
(아제르바이잔)

이란

아제르바이잔의
나흐츠반 회랑 개설

반 호

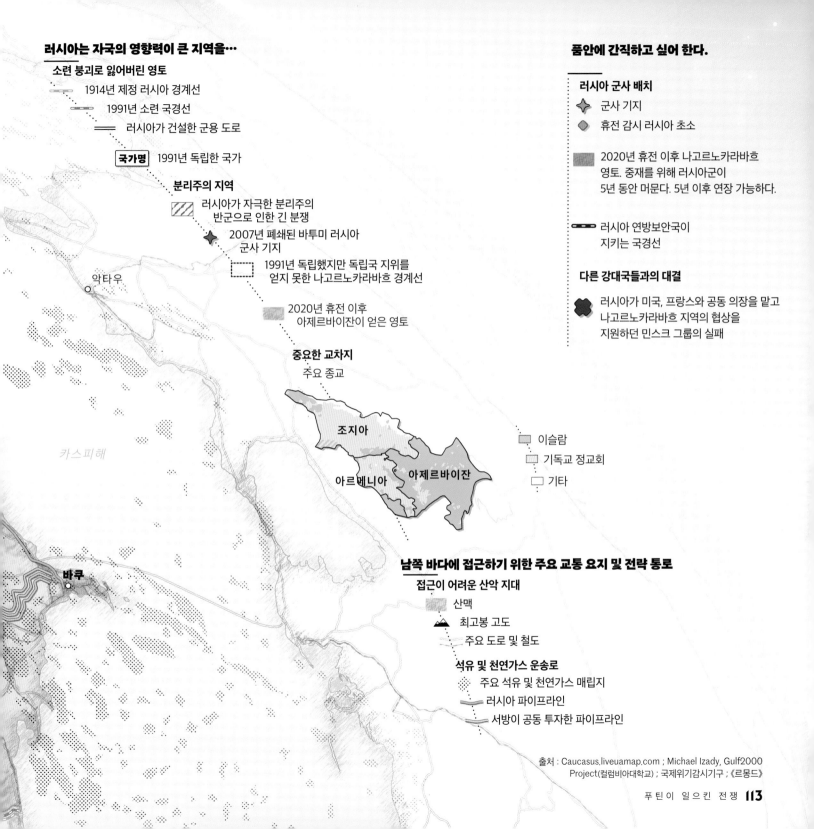

러시아는 자국의 영향력이 큰 지역을…

소련 붕괴로 잃어버린 영토

┅┅ 1914년 제정 러시아 경계선

━━ 1991년 소련 국경선

═══ 러시아가 건설한 군용 도로

[국가명] 1991년 독립한 국가

분리주의 지역

▨ 러시아가 자극한 분리주의
반군으로 인한 긴 분쟁

✦ 2007년 폐쇄된 바투미 러시아
군사 기지

▯ 1991년 독립했지만 독립국 지위를
얻지 못한 나고르노카라바흐 경계선

▦ 2020년 휴전 이후
아제르바이잔이 얻은 영토

중요한 교차지

주요 종교

조지아

아르메니아   아제르바이잔

▨ 이슬람

▨ 기독교 정교회

▯ 기타

품안에 간직하고 싶어 한다.

러시아 군사 배치

✦ 군사 기지

◈ 휴전 감시 러시아 초소

▦ 2020년 휴전 이후 나고르노카라바흐
영토. 중재를 위해 러시아군이
5년 동안 머문다. 5년 이후 연장 가능하다.

━━ 러시아 연방보안국이
지키는 국경선

다른 강대국들과의 대결

✖ 러시아가 미국, 프랑스와 공동 의장을 맡고
나고르노카라바흐 지역의 협상을
지원하던 민스크 그룹의 실패

남쪽 바다에 접근하기 위한 주요 교통 요지 및 전략 통로

접근이 어려운 산악 지대

▦ 산맥

▲ 최고봉 고도

━ 주요 도로 및 철도

석유 및 천연가스 운송로

⁙ 주요 석유 및 천연가스 매립지

┅ 러시아 파이프라인

━ 서방이 공동 투자한 파이프라인

카스피해

악타우

바쿠

출처 : Caucasus.liveuamap.com ; Michael Izady, Gulf2000
Project(컬럼비아대학교) ; 국제위기감시기구 ;《르몽드》

크렘린궁 주인이 인기를 얻기 위한 요소

푸틴은 국내 정책과 해외 정책을 뒤섞는 재주가 있었다. 23년이라는 그의 재임 기간을 수놓은
다섯 차례의 전쟁은 그의 정당성을 강화하는 역할을 했다.

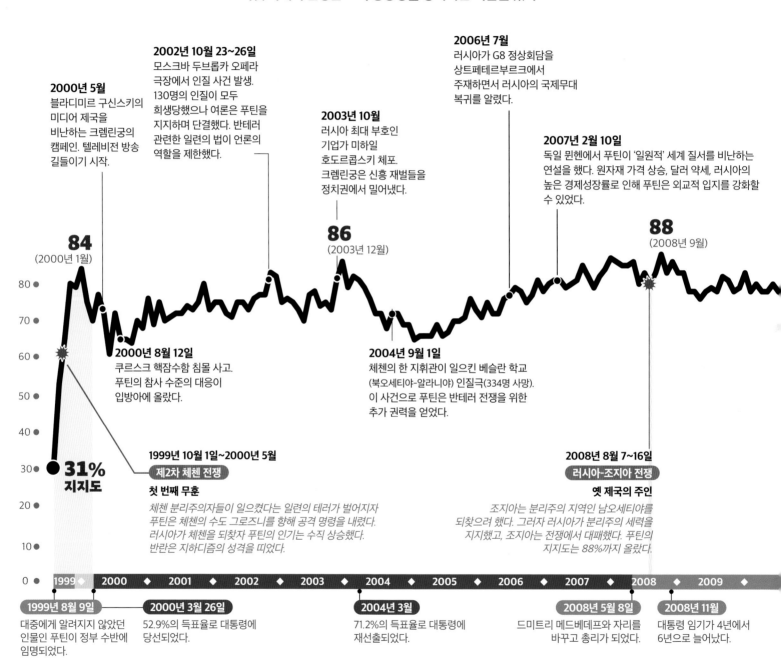

2002년 10월 23~26일
모스크바 두브롭카 오페라
극장에서 인질 사건 발생.
130명의 인질이 모두
희생당했으나 여론은 푸틴을
지지하며 단결했다. 반테러
관련한 일련의 법이 언론의
역할을 제한했다.

2006년 7월
러시아가 G8 정상회담을
상트페테르부르크에서
주재하면서 러시아의 국제무대
복귀를 알렸다.

2000년 5월
블라디미르 구신스키의
미디어 제국을
비난하는 크렘린궁의
캠페인. 텔레비전 방송
길들이기 시작.

2003년 10월
러시아 최대 부호인
기업가 미하일
호도르콥스키 체포.
크렘린궁은 신흥 재벌들을
정치권에서 밀어냈다.

2007년 2월 10일
독일 뮌헨에서 푸틴이 '일원적' 세계 질서를 비난하는
연설을 했다. 원자재 가격 상승, 달러 약세, 러시아의
높은 경제성장률로 인해 푸틴은 외교적 입지를 강화할
수 있었다.

84
(2000년 1월)

86
(2003년 12월)

88
(2008년 9월)

80

70

60

31%
지지도

50

40

30

2000년 8월 12일
쿠르스크 핵잠수함 침몰 사고.
푸틴의 참사 수준의 대응이
입방아에 올랐다.

2004년 9월 1일
체첸의 한 지휘관이 일으킨 베슬란 학교
(북오세티야-알라니야) 인질극(334명 사망).
이 사건으로 푸틴은 반테러 전쟁을 위한
추가 권력을 얻었다.

1999년 10월 1일~2000년 5월

> 제2차 체첸 전쟁

첫 번째 무훈

*체첸 분리주의자들이 일으켰다는 일련의 테러가 벌어지자
푸틴은 체첸의 수도 그로즈니를 향해 공격 명령을 내렸다.
러시아가 체첸을 되찾자 푸틴의 인기는 수직 상승했다.
반란은 지하디즘의 성격을 띠었다.*

2008년 8월 7~16일

> 러시아-조지아 전쟁

옛 제국의 주인

*조지아는 분리주의 지역인 남오세티야를
되찾으려 했다. 그러자 러시아가 분리주의 세력을
지지했고, 조지아는 전쟁에서 대패했다. 푸틴의
지지도는 88%까지 올랐다.*

20

10

0

1999 2000 2001 2002 2003 2004 2005 2006 2007 2008 2009

1999년 8월 9일
대중에게 알려지지 않았던
인물인 푸틴이 정부 수반에
임명되었다.

2000년 3월 26일
52.9%의 득표율로 대통령에
당선되었다.

2004년 3월
71.2%의 득표율로 대통령에
재선출되었다.

2008년 5월 8일
드미트리 메드베데프와 자리를
바꾸고 총리가 되었다.

2008년 11월
대통령 임기가 4년에서
6년으로 늘어났다.

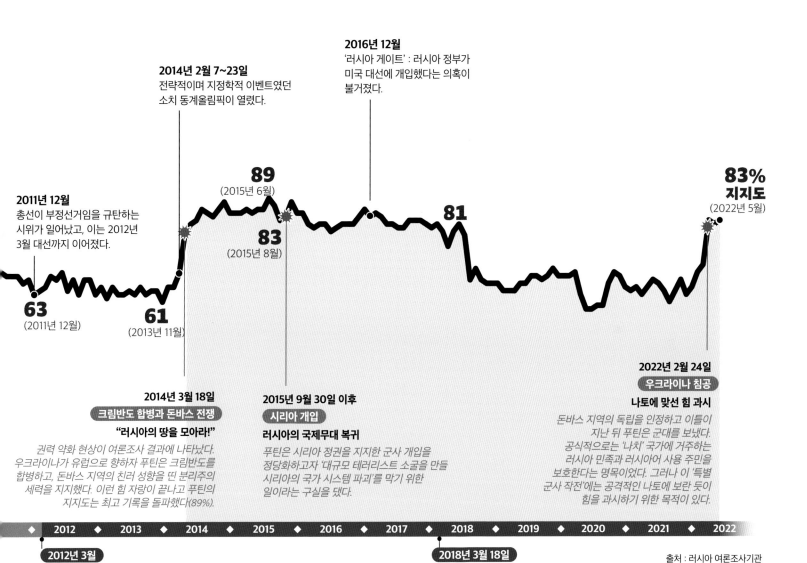

블라디미르 푸틴의 지지도
(단위 : %, 레바다센터)

✹ 무력 충돌

푸틴이 차지했던 자리
■ 정부 수반
■ 보리스 옐친의 사임으로 대통령 대행
■ 러시아 연방 대통령

2016년 12월
'러시아 게이트' : 러시아 정부가
미국 대선에 개입했다는 의혹이
불거졌다.

2014년 2월 7~23일
전략적이며 지정학적 이벤트였던
소치 동계올림픽이 열렸다.

89
(2015년 6월)

83
(2015년 8월)

81

83%
지지도
(2022년 5월)

2011년 12월
총선이 부정선거임을 규탄하는
시위가 일어났고, 이는 2012년
3월 대선까지 이어졌다.

63
(2011년 12월)

61
(2013년 11월)

2014년 3월 18일
크림반도 합병과 돈바스 전쟁
"러시아의 땅을 모아라!"
권력 약화 현상이 여론조사 결과에 나타났다.
우크라이나가 유럽으로 향하자 푸틴은 크림반도를
합병하고, 돈바스 지역의 친러 성향을 띤 분리주의
세력을 지지했다. 이런 힘 자랑이 끝나고 푸틴의
지지도는 최고 기록을 돌파했다(89%).

2015년 9월 30일 이후
시리아 개입
러시아의 국제무대 복귀
푸틴은 시리아 정권을 지지한 군사 개입을
정당화하고자 '대규모 테러리스트 소굴을 만들
시리아의 국가 시스템 파괴'를 막기 위한
일이라는 구실을 댔다.

2022년 2월 24일
우크라이나 침공
나토에 맞선 힘 과시
돈바스 지역의 독립을 인정하고 이틀이
지난 뒤 푸틴은 군대를 보냈다.
공식적으로는 '나치' 국가에 거주하는
러시아 민족과 러시아어 사용 주민을
보호한다는 명목이었다. 그러나 이 '특별
군사 작전'에는 공격적인 나토에 보란 듯이
힘을 과시하기 위한 목적이 있다.

2012 ◆ 2013 ◆ 2014 ◆ 2015 ◆ 2016 ◆ 2017 ◆ 2018 ◆ 2019 ◆ 2020 ◆ 2021 ◆ 2022

2012년 3월
대선 1차 투표에서 6년 임기의 대통령에
63%의 득표율로 당선되었다.

2018년 3월 18일
1차 투표에서 대통령에 재당선되었다. 득표율은
소련 붕괴 이후 최고치를 기록했다(76.7%).

출처 : 러시아 여론조사기관
레바다센터 ; 국제통화기금 ;
《보스턴 글로브》; Syria Live
Map ; 국제위기감시기구 ;
《르몽드》

아르메니아와 아제르바이잔 : 새로운 역학 관계

러시아의 중재로 체결된 휴전은 사실상 아제르바이잔의 승리였다. 아제르바이잔은
나고르노카라바흐에서 성취한 군사적 이득을 공고히 하고, 1994년부터 아르메니아가 점령한
주변 7개 지역을 되찾았다.

2020년 이전 상황

*1991년 나고르노카라바흐의 독립 선언
이후 아르메니아군의 지원을 받은
독립주의자들은 아제르바이잔군과
충돌했다. 많은 희생자를 낳은 전쟁은
아르메니아의 승리로 끝났고,
아제르바이잔은 영토의 14퍼센트를
잃었다. 나고르노카라바흐 외에 주변
지역 7개가 안전지대로 바뀌었다.*

흑 해 · 조지아 · 러시아 · 카스피 해

아르메니아 · 예레반 · 나고르노카라바흐 · **아제르바이잔** · 바쿠

1994년 결정된 휴전선

튀르키예 · **아제르바이잔** · 안전지대 · 이란

100 km

나고르노카라바흐의 지형 단면도

영토

| | 2020년 12월 1일 이전에 아르메니아가 아제르바이잔에게 돌려줄 영토 | 나고르노카라바흐에서 아르메니아가 잃은 영토 | 중재에 나선 러시아의 군대가 배치될 나고르노카라바흐 영토 |

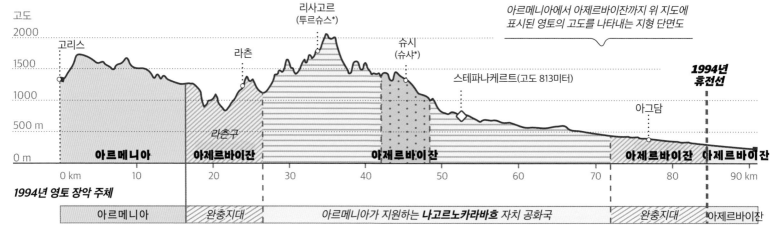

현재 영토 장악 주체

아르메니아에서 아제르바이잔까지 위 지도에
표시된 영토의 고도를 나타내는 지형 단면도

고도
2000 · 1500 · 1000 · 500 m · 0 m

고리스 · 라촌 · 리사고르 (투르슈스*) · 슈시 (슈샤*) · 스테파나케르트(고도 813미터) · 아그담 · **1994년 휴전선**

라촌구

아르메니아 · **아제르바이잔** · **아제르바이잔** · **아제르바이잔** · **아제르바이잔**

0 km · 10 · 20 · 30 · 40 · 50 · 60 · 70 · 80 · 90 km

1994년 영토 장악 주체

| 아르메니아 | 완충지대 | 아르메니아가 지원하는 **나고르노카라바흐** 자치 공화국 | 완충지대 | 아제르바이잔 |

간자

고란보이

게데베이

아제르바이잔

말리 캅카스 산맥

세반호

1994년 휴전선

테르테르

마르타케르트 ✕

나고르노카라바흐

아그담구

왼쪽 지형
단면에
표시된 영토

예레반

아르타샤트

캘배재르구

스테파나케르트

아그담

튀르키예

예게그나조르

라촌구

슈시
(슈샤)

마르튜니

라촌

리사고르
(투르슈스)

이란

고리스

하드루트

러시아-튀르키예
합동조정센터
(JCC)

퓌줄리구

**나흐츠반 자치 공화국
(아제르바이잔)**

아르메니아

구바들르구

재브라이을구

나흐츠반

카판

젠길란구

이란

10 km

**2020년 아르메니아의 패전 및 휴전선 설정 이후의
나고르노카라바흐**

- ☐ 1991년에 독립했으나 지위를 인정받지 못한
  나고르노카라바흐 경계선
- ⬚ 2020년 9월 27일 이후 상실한 영토
- ▦ 2020년 11월 말 휴전 이후 5년 기한으로 중재를 위한
  러시아군(2000명)이 배치된 나고르노카라바흐 영토
- ◇ 러시아의 휴전 감시 초소
- ✕ 러시아 차량화 부대
- ═ 슈샤 장악으로 분리된 '탯줄' 라촌 회랑
- ⬌ 휴전 조약에 따라 러시아군의 중재 하에 아르메니아와 회랑 개설

*아제르바이잔어 명칭

아제르바이잔이 얻은 영토

- ■ 2020년 9월 27일 이후 아제르바이잔군이 되찾은 영토
- ▨ 2020년 12월 1일 이전에 아르메니아가 되돌려준 영토
- **지역명** 1994년 잃었다가 2020년에 되찾은 구(區)
- ⬌ 아제르바이잔 영토인 나흐츠반구와 도로 개통

출처 : Jean Radvanyi, Nicolas Beroutchachvili, *Atlas géopolitique du Caucase*
(Autrement, 2009) ; Gérard-François Dumont, "Haut-Karabakh : géopolitique d'un
conflit sans fin", *Géopolitiques* (HAL-SHS, 2013) ; 국제위기감시기구 ; 이슬람 과격주의
분석가 라이언 오패럴 ; Caucasus.liveuamap.com ; AFP, RIA Novosti ;《르몽드》

영토를 둘러싼 러시아와 튀르키예의 갈등

우크라이나, 나고르노카라바흐, 시리아, 리비아 등을 두고 러시아와 튀르키예는 서로를 견제하고 있다.

 역사적으로 전쟁을 많이 했던—오스만 제국과 제정 러시아는 14번 전쟁을 치렀다—러시아와 튀르키예의 관계는 그만큼 복잡하다. 러시아가 바라보는 튀르키예는 나토와 서방의 동맹국 하나를 빼앗아 오는 가능성을 의미한다. 러시아가 시리아 문제와 관련한 협상을 진행할 때 제네바 프로세스에서 튀르키예, 이란과 협력했던 것도 같은 맥락이다. 러시아를 바라보는 튀르키예도 마찬가지였다. 시리아 문제로 서방 국가들을 제치고 '트로이카'를 만들면서 튀르키예는 북부에 개입할 운신의 폭이 넓어졌고, 쿠르디스탄 노동자당(PKK)이 후진 기지를 만드는 것을 차단할 수 있었다.

그러나 튀르키예 대통령은 계속 양다리 전략을 쓰면서 러시아가 반대하는 사안에 대해 나토 회원국들과 공동 전선을 펼쳤다. 이는 특히 2014년 흑해와 크림반도를 비롯한 동유럽 상황에서 두드러졌다. 튀르키예는 러시아의 합병을 인정하지 않았다. 양국 관계는 실리적이다. 관광과 에너지 분야를 비롯한 경제 관계도 긴밀하다. 러시아는 튀르키예에 천연가스와 석유를 수출하고, 튀르키예는 2019년 완공된 튀르크스트림을 통해 천연가스를 수출한다.

2020년 가을 아르메니아인들이 거주하는 나고르노카라바흐를 되찾기 위해 발발한 전쟁에서 튀르키예는 아제르바이잔을 지지했고, 러시아는 아르메니아와 동맹을 맺었음에도 개입하지 않았다. 러시아는 휴전을 위한 중재자 역할에만 그쳤고 휴전 지역에 군대를 배치했다.

이자벨 망드로

2014년 3월 21일

우크라이나

러시아가 크림반도를 합병했다. 이후 튀르키예 정부는 우크라이나의 영토 주권을 옹호하고 있다.

2014년 3월 16일 주민 투표 이후 러시아에 합병된 크림반도

러시아 병력 배치

도네츠크와 루한스크 분리주의 지역

2015년 11월 24일
튀르키예-시리아 국경

러시아 비행기가 튀르키예 전투기 2대에 의해 격추되었다. 이 사건으로 러시아는 튀르키예에 경제 제재를 가했다.

2017년 5월 4일 - 시리아

러시아, 튀르키예, 이란이 서명한 아스타나 협약으로 '긴장 완화 지역'을 마련했다. 이로 인해 서방은 시리아 내전 해결에서 제외되었다.

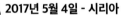

2018년 4월 3일 - 튀르키예

에르도안 대통령과 푸틴 대통령은 아쿠유(튀르키예 남부) 원전 건설 공사를 시작했다. 공사는 러시아 재벌 기업이 맡았다.

2019년 7월 - 튀르키예

튀르키예는 회원국으로 있는 나토의 반대를 무시하고 러시아 미사일을 사들였다.

2019년 10월 16일 - 우크라이나

튀르키예는 러시아가 지원하는 돈바스 지역의 분리주의 세력과 싸우는 우크라이나에 드론 6대를 공급했다. 이후 공동 생산한 튀르키예 드론 48대를 공급한다는 계약을 체결했다.

친목
기회주의적 동맹

반목
적대 행위
도발 행위

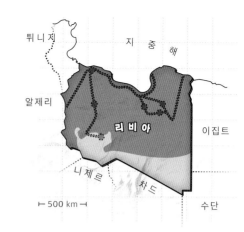

현지 주둔 병력 상황
2020년 1월 10일 기준

- 파예즈 알사라지 : 국제연합이 후원하고 튀르키예가 지원하여 2015년 말 수립된 리비아 통합정부
- 칼리파 하프타르 : 러시아가 지원하는 리비아 국민군
- 가스관과 송유관

2019년 11월 27일

리비아

에르도안 튀르키예 대통령은 리비아 통합정부와 안보 및 해양 협정을 체결했다. 푸틴은 용병을 보내 통합정부의 주요 경쟁자인 하프타르를 은밀히 지원했다.

2019년 10월 22일

시리아

푸틴 대통령과 에르도안 대통령은 튀르키예-시리아 국경의 공동 감시에 합의했다. 튀르키예는 시리아 북동부에서 펼치던 군사 작전을 종료했고, 러시아 정부는 이 지역에서 쿠르드 군대의 철수를 약속했다.

현지 주둔 병력 상황
2019년 10월 28일 기준

- 쿠르드-아랍군
- 시리아군과 동맹국 군대
- 튀르키예군
- 반군과 지하디스트들
- 쿠르드군이 2019년 10월 22일 협약에 따라 철수해야 하는 지역
- 아스타나 협약에 따라 설치된 감시 초소

2020년 1월 12일 - 리비아
러시아와 튀르키예는 외교
중재를 선점하기 위해 휴전을
성공시켰지만, 휴전 상황은
오래가지 않았다.

2020년 1월 8일

혹해

푸틴 대통령과 에르도안
대통령이 러시아와
튀르키예를 잇는 가스관
튀르크스트림을 개통했다.

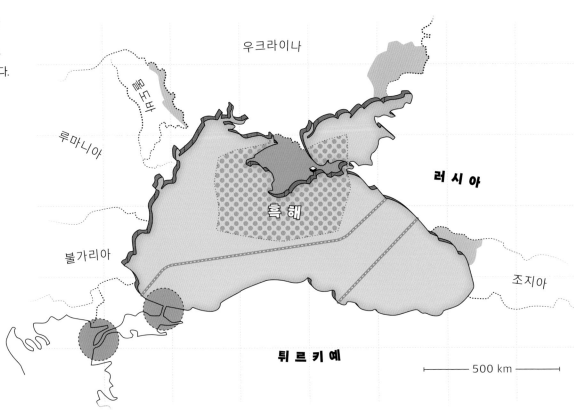

■ 러시아가 합병한 영토
⋇ 러시아가 영해권을 주장하는 바다
■ 친러 성향의 분리주의 지역
🜨 튀르키예에 전략적인 해협
▮ 가스관
◈ 대형 선박의 우크라이나 접근을
　제한하기 위해 러시아가 건설한
　크림 대교(케르치 해협)

우크라이나

몰도바

루마니아

러 시 아

흑 해

불가리아

조지아

튀 르 키 예

├─ 500 km ─┤

2020년 10월
나고르노카라바흐

에르도안 대통령이 동맹국인 아제르바이잔에 결정적인 군사 지원(군사 고문, 군수품, 시리아 지하디스트 용병)을 했다.

아르메니아와 아제르바이잔이 러시아의 중재로 휴전 조약 체결. 러시아는 나고르노카라바흐 지역에 병력을 배치했고, 튀르키예는 캅카스 남부 지역에서 입지를 강화하려고 했다.

2020년 11월 9일

나고르노카라바흐

2021년 4월 10일 - 우크라이나

앙카라에서 만난 우크라이나와 튀르키예 정상들은 '크림반도와 도네츠크 및 루한스크 지역의 점령 종식'을 도모하기로 약속했다. 러시아는 팬데믹을 이유로, 튀르키예로 출발하는 항공편을 전면 중단하여 튀르키예의 최대 관광 수입원을 빼앗았다.

2021년 4월 - 튀르키예

튀르키예 정부가 러시아 백신 스푸트니크V를 5000만 명 분 주문했다고 발표했다.

 나고르노카라바흐 지역

러시아 병력

■ 아제르바이잔이 2020년에 다시 장악한 구

1994년에 설정된 휴전선

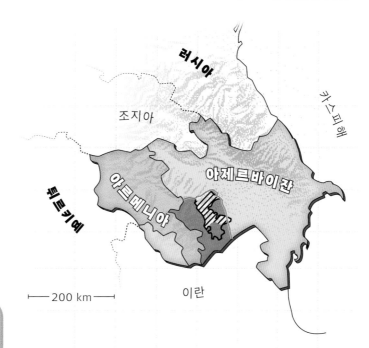

러시아

조지아

카스피해

아제르바이잔

튀르키예

아르메니아

이란

⊢— 200 km —⊣

2021~2022년 - 우크라이나

우크라이나는 튀르키예가 공급한 바이락타르 TB2 드론을 동부에 배치했다. 우크라이나 전쟁 초기부터 군함의 해협 접근을 막았던 튀르키예 정부는 우크라이나와 러시아의 중재자를 자처하며, 러시아의 우크라이나산 밀 금수 조치를 풀려 했다.

2021년 4월
우크라이나와 흑해

우크라이나 국경에 러시아군 배치 및 흑해상 군사 훈련

출처 : Liveuamap.com ; 《르몽드》

PARTIE 5

국제 질서를 뒤흔든
우크라이나 전쟁

러시아는 소련 붕괴 후 우크라이나를
잃은 사실을 받아들인 적이 없다.
러시아는 우크라이나를 자국의 요람으로
여긴다. 친유럽 성향을 보이며
자유민주주의를 선택한 반항아
우크라이나를 다시 편입시키기 위해
러시아가 2022년 2월 시작한 전쟁의
서막은 2014년으로 거슬러 올라간다.

2022년 3월 8일 화요일, 베네수엘라 감옥에서 미국 시민 두 명이 풀려났다. 그중 한 명은 석유 산업 기업의 임원이었다. 동유럽에서 벌어지는 전쟁과 별 상관이 없어 보이는 이 사건은 2022년 2월 24일 러시아군이 우크라이나를 침공하면서 국제사회에 던진 충격이 얼마나 컸는지 잘 보여준다. 두 사람이 석방되었다는 것은 그때까지 경색되었던 미국과 베네수엘라 관계가 완화되었다는 신호였다. 우크라이나 전쟁 발발로 바이든 행정부가 3월 8일 러시아산 석유에 대한 금수 조치를 내리면서 양국 관계의 빗장도 풀린 것이다. 석유 시장이라는 체스판을 다시 검토할 시간이었다. 주요 산유국인 베네수엘라가 반제국주의를 외치는 차베스주의에 빠지기 전까지는 석유를 미국에서 정유했다. 이제 상황이 달라지면서 베네수엘라는 옮겨야 할 말이 되었다.

유럽에 다시 전쟁이 일어나자 단 2주 만에 지정학적 노선이 남아메리카까지 영향을 미친 것이다. 그 파급효과는 9·11 테러가 일어났을 때와 1989년 베를린 장벽이 무너졌을 때 못지않다.

올라프 숄츠 독일 총리와 에마뉘엘 마크롱 프랑스 대통령은 모두 러시아가 유럽을 '새로운 시대'로 몰아넣었다고 평했다. 새로운 시대가 열리면서 1991년 소련 붕괴로 시작된 30년 동안의 포스트 냉전 시대는 막을 내리게 되었다. 그렇다면 새로운 시대는 어떤 모습일까? 냉전과 포스트 냉전을 연구하는 역사가 메리 엘리스 사로트는 《뉴욕 타임스》에 기고한 글에서 "러시아와의 심각한 반목의 시대"를 예견했다. 냉전 시대의 코드가 사라진 지금 이는

훨씬 큰 문제가 되었다.

20세기에 일어난 분쟁은 '2대 강국'이 직접적인 충돌을 피하려 했다는 점이 특징이다. 이 '모두스 비벤디'에는 나름의 규칙과 소통 채널이 있었다. 사로트는 "푸틴 대통령의 뻔뻔함이 이 모든 것을 흔들어놓았다"고 주장했다. 군비 제어에 관한 조약 대부분이 무용지물이 되었거나 파기되었으며, 그사이 아무런 규제도 받지 않는 신무기들이 등장했다. 어느 날 갑자기 이웃 국가에 대규모 공격을 퍼붓는 러시아와 긴 협상을 재개한다는 것은 무척 어려워 보인다.

'다시 소련으로'

그러나 교섭 대상이 푸틴이리라는 것을 누가 장담할 수 있을까? 그의 공격은 우크라이나를 향했지만 전쟁은 러시아에도 좋지 않다. 서방의 제재로 러시아 경제는 타격을 입었다. 크렘린궁의 주인은 한 번에 두 나라를 몰락시킨 것이다. 우크라이나에 대해 잘 알지 못했던 점, 침략 계획에서 드러난 실수, 서방의 반응을 저평가한 것이 전략가로서 그가 가졌던 이미지를 좀먹었고, 그가 실력 있는 측근을 주변에 둘 수 있는가 하는 점에 의구심을 품게 했다.

전쟁에 대한 국민의 반대를 완전히 차단하겠다는 결정을 내린 푸틴은 점점 더 억압적인 정책을 펼쳤다. 그로 인해 러시아는 커다란 감옥이 되었고, 지식인 엘리트 계층은 그런 러시아를 떠나려고 애쓰고 있다. 그는 지도층의 분열을 막기 위해 후세에 독재 체제의

모델로 남을 행사를 개최했다. 2022년 2월 21일과 24일 양일에 걸쳐, 수백만 명의 시청자들이 지켜보는 가운데 안전보장회의와 신흥 재벌들을 불러 모았던 것이다. 우크라이나를 침공하겠다는 푸틴의 계획에 공모자가 된 이들은 푸틴과 운명을 같이하게 되었다. 그들에게 평화로운 대안은 없었다. 이는 '소련으로의 회귀'였으나 소련처럼 최고 정책결정기관으로서 지도자를 끌어내릴 정치국 같은 장치는 없었다. 푸틴은 온갖 수를 써서 2036년까지 집권하는 데 성공했고, 만약 그가 그때까지 집권할 생각이라면 자신의 벙커 안에 오랫동안 머물 수 있을 것이다.

금융, 무역, 경제, 기술 분야에서 유례가 없는 규모로 이루어진 서방의 러시아 제재는 러시아의 경제성장과 혁신 능력을 심도 있게, 그리고 장기적으로 해할 것이다. 우크라이나 전쟁 비용과 병력 유지 비용은 러시아 정부의 예산에 큰 부담이 될 것이다. 푸틴에게 유리하게 전쟁이 끝날 방법이 있을까? 그가 더 처참한 전투를 벌이고 우크라이나에 친러 성향의 정부를 들어서게 한다고 하더라도 우크라이나 점령은 러시아를 파산으로 내몰 것이다. 서방의 제재도 러시아 경제의 숨통을 계속 조일 것이다. 러시아군이 우크라이나 일부만 장악하고 철수한다고 할 때도 패배는 푸틴의 책임이 될 것이다.

푸틴이 우크라이나를 공격한 것은 그가 서방 진영이라고 생각하는 나토에 우크라이나가 가입하지 못하게 막고 나토의 동진을 막기 위한 것이었다. 그러나 그가 일으킨 혼란은 오히려 역효과를

> 푸틴이 우크라이나를 공격한 것은 그가 서방 진영이라고 생각하는 나토에 우크라이나가 가입하지 못하게 막고 나토의 동진을 막기 위한 것이었다.

낳을 것 같다. 그가 원하던 바와 달리 러시아의 영향권이 줄어들 수도 있기 때문이다. 2022년 6월 우크라이나는 유럽연합 가입 후보국이 되었고, 지금까지 러시아를 자극하지 않으려고 유럽연합 가입에 매우 조심스럽게 접근했던 소국 몰도바도 마찬가지다.

잠에서 깨어난 유럽

이번 위기가 서방에도 변화를 가져왔다. 유럽연합은 좋은 쪽으로 변모했다. 핵 강대국이자 국제연합 안전보장이사회 상임이사국인 러시아가 무력 침공으로 국경을 위협하자 '잠자는 공주' 유럽이 깨어난 것이다. 제2차 세계대전이 끝난 뒤 유례가 없던 일이다.

유럽은 그동안 졸고 있었던 게 확실하다. 영국의 보리스 존슨 당시 총리는 가을에 의회에서 이런 발언을 했다. "유럽 땅에 탱크전이라니, 다 시대에 뒤떨어진 생각이다." 그러나 2021년 11월 이후 미국에 이어 영국도 러시아가 우크라이나 침공을 준비하고 있다고 여러 차례 경고했다. 유럽연합과 우크라이나 당국은 이

경고를 진지하게 생각하지 않았다. 전쟁 준비가 진행 중이라는 사실을 인정했을 때도 공격이 제한적이리라 확신했다.

각성은 러시아 탱크가 우크라이나에 진격했을 때처럼 갑작스럽게 이루어졌다. 충격에 휩싸인 유럽 각국은 미국 그리고 나토와 전열을 다졌다. 그 속도는 매우 빨랐으며 단결도 모범적이었다. 그렇게 하여 2008년 러시아의 조지아 침공, 2014년 크림반도 합병 및 돈바스 전쟁 개입 이후 푸틴과 유지했던 호의적 관계도 끊어버렸다. 유럽은 러시아에 대대적인 제재를 가하기로 했고, 우크라이나에 신속한 군사 지원을 했다. 며칠 만에 '소프트 파워'가 '하드 파워'에 밀려났다. 수 톤에 달하는 무기와 설비, 장갑차, 대전차용 미사일이 우크라이나에 긴급 공수되었다.

가장 큰 변화가 일어난 곳은 독일이었다. 독일은 자국 군대가 약하고 러시아에 대한 에너지 의존성이 너무 크다는 사실에 갑자기 눈떴다. 독일 정부는 이미 몇 달간 이어진 고민 끝에 2월 22일 독-러 합작 가스관인 노르트스트림2를 포기하기로 했다. 같은 달 27일에는 숄츠 총리가 의회에서 역사적인 연설을 했다. 국방비 지출이 GDP의 2퍼센트까지 오를 것이며, 1000억 유로의 자금이 연방방위군에 투입돼 투자 및 군비 프로젝트에 쓰일 예정이다.

앙겔라 메르켈 총리가 떠나고 채 두 달이 지나지 않았는데 '탈메르켈' 현상이 시작되었다. 그 범위는 어디까지일까? 이미 불안한 독일의 에너지 전환 계획은 재검토될 것인가? 독일군은 1000억 유로로 무엇을 할 것인가? 독일이 러시아의 정책을

> "크렘린궁의 목표가 러시아 국경에서 나토의 존재를 줄이는 것이라면 얻을 것은 더 많은 나토뿐이다."

비난하는 것에 그치지 않고 중국의 중용주의적 정책까지 비난할 것인가?

유럽을 뒤흔드는 요인이 많다. 유럽연합이 동유럽으로 확대되는 것도 그런 요인 중 하나다. 복잡한 상황의 발칸반도 서부 국가들도 유럽연합 가입을 서두르고 있다. 유럽연합 회원국인 동유럽 국가들, 특히 폴란드가 떠안는 부담은 또 다른 요인이다. 폴란드는 350만 명이 넘는 우크라이나 난민을 보란 듯이 받아들였다. 폴란드는 유럽연합과 법치주의 문제를 두고 갈등을 겪고 있지만, 이 기회를 통해 폴란드가 유럽 국가임을 선언했다.

2022년 3월 10일과 11일 베르사유에 모인 유럽연합 27개국 정상들은 적대적 환경에 대응해야 했다. 전쟁으로 인해 프랑스와 유럽연합이 주장한 '유럽의 주권'과 '전략적 자치'가 매우 구체적인 의미를 띠게 되었다. 경제 시스템이 분리되어 있었던 냉전 시대와 달리, 오늘날 유럽은 러시아에 대한 천연가스 의존성이 높은 상태다. 2월 24일 이후 러시아 경제를 옥죄려 하면서도 러시아산 천연가스와 석유를 수입하려고 매일 7억 달러를 지불하고 있으니 모순적인 상황이 아닐 수 없었다. 2027년까지 러시아에 대한 에너지 의존도를 없애기 위해 베르사유에서 내려진 결정은 각국 경제에 큰 영향을

미칠 것이다. 방위 분야에서도 유럽연합은 방향을 바꾸었다. 독일에 이어 덴마크도 국방 예산을 크게 높였고, 2022년 6월 1일 국민투표를 통해 유럽연합의 안보 정책에 참여하기로 했다. 이에 대해 메테 프리데릭센 덴마크 총리는 "역사적인 시대이니만큼 역사적인 결정을 내렸다"고 밝혔다. 한편 핀란드와 스웨덴도 나토에 가입하기로 했다.

나토의 부활

이 또한 푸틴의 업적이다. 2년 전 마크롱 대통령이 '뇌사' 진단을 내렸던 나토를 부활시킨 것이다. 2월 19일 뮌헨 회의에서 나토 사무총장 옌스 스톨텐베르크는 이렇게 약속했다. "크렘린궁의 목표가 러시아 국경에서 나토의 존재를 줄이는 것이라면 얻을 것은 더 많은 나토뿐이다."

아시아와 그 밖의 다른 지역에서 나토가 하는 역할에 대한 설왕설래는 잊혔다. 나토는 유럽의 공동 방어라는 본연의 임무를 되찾았다. 유럽연합과의 협력도 그 어느 때보다 긴밀하다. 수천 명의 병사가 유럽 동부 지역의 방어를 강화하기 위해 발트 3국, 폴란드, 루마니아에 보내졌다. 이 지역이 러시아의 침공이 시작되기도 전에 바이든 대통령이 정한 나토의 최전선이기 때문이다. 우크라이나는 회원국이 아니므로 나토가 병력을 파견하지 못한다. 그러나 회원국 중 1개국이 공격을 당한다면 그것은 모두에 대한 공격으로 간주한다는 북대서양 조약 제5조는 신성한 원칙이다. 싱크탱크인

카네기국제평화재단의 마르크 피에리니는 이렇게 분석했다. "러시아는 아무런 걱정 없이 군사 작전을 펼친다. 나토의 강대국들이 지상군을 파견하지 않을 것이라고 분명히 밝혔기 때문이다. 정치적으로도 걱정이 없다. 러시아가 국제연합 안전보장이사회에서 거부권을 행사할 수 있기 때문이다."

유럽이 지역 방어 설계 방식을 얼마나 변화시킬지 보여주는 문서 2개가 있다. 첫 번째는 유럽연합이 러시아의 전쟁을 반영해 작성한 <전략 방향>으로, 2022년 3월 말에 채택되었다. 두 번째 문서는 2022년 6월 29일 마드리드 정상회의에서 채택된 나토의 새로운 <전략 설계>다. 그러나 우크라이나 침공은 1997년 나토-러시아 기본 협정을 무효화했다. 이 협정에 따르면 나토는 소련의 옛 위성국에 상설군을 주둔시킬 수 없다.

미국의 실수

오바마 대통령 때도 그랬지만 트럼프 대통령 재임 시절 심각하게 제기되었던 미국의 리더십 문제는 모든 유럽인의 머릿속에 각인되었다. 물론 미국과 그 동맹국들의 논의는 매우 긴밀하게 이루어지고 있다고 평가하지만, 2021년 미군의 아프가니스탄 철수와 호주-영국-미국이 맺은 삼각동맹 오커스(AUKUS)['Australia United Kingdom United States'의 약자-옮긴이]의 허점에 대한 평가는 그와 대조된다. 미국의 전략에 대한 의문은 멈출 수 없다.

중국에 시선을 빼앗긴 미국도 러시아에 대해 오판했다. 미국은

러시아를 혼란만 일으키는 공격적인 강대국으로 보았다. 크림반도 합병의 파급효과와 2008년 이후 거세지는 푸틴의 팽창주의적 일탈은 과소평가했다. 이러한 오판은 2009~2017년 부통령을 지냈던 바이든이 만들어낸 바 크다. 그는 대통령 임기 초기인 2021년 7월 제네바에서 푸틴을 만나 모든 문제가 해결되었다고 착각했다.

바이든은 오바마와 달리 냉전 시대를 겪은 대통령이다. 그것이 러시아에 대한 시각에 영향을 주었을까? 그는 러시아에 대한 억제 전략으로 돌아갈 것인가? 만약 그렇게 된다면 대중국 정책은 어떻게 연계시킬 것인가? 트루먼 독트린이 1947년 냉전 시대 미국 정책의 기초가 되었던 것처럼 '바이든 독트린'이 탄생할 것인가? 미국은 현재 서로 다른 지역에서 하나가 아닌 2개의 적을 상대해야 한다.

핵무기의 귀환

엘리 테넨봄은 서방이 '전략 문법'을 재검토해야 한다고 프랑스 국제관계연구소 보고서에 적었다. 이번 위기에서 서방은 '위기 악화의 주도권'을 러시아에 주었다. 그것은 '주도권으로 이익을 보는 자가 유리할 수밖에 없는 억지력의 핵심 요소'다. 테넨봄에 따르면, 그렇게 해서 러시아가 전쟁에서 상승세를 탈 수 있었고 나토는 처음부터 한계점을 드러냈다. 러시아의 '상승세'에 기여한 '핵 제스처'는 지정학적 담론에서 핵무기가 다시 등장했음을 알리는 신호다.

냉전 시대에 핵무기는 사용하지 말아야 하는 무기였지만, 오늘날에는 마치 핵무기 사용이 가능한 것처럼 보인다. 2022년 2월 27일 벨라루스는 헌법을 개정해서, 국가의 중립 원칙과 핵 강대국이 되지 않기로 한 약속을 삭제했다. 이로 인해 자국 영토에 러시아 핵무기 배치가 가능해졌다.

우크라이나 침공 초기부터 푸틴은 핵무기를 들고 위협을 가했다. 처음에는 러시아에 반대하는 국가에 '여태껏 본 적이 없는' 결과들을 보게 되리라고 엄포를 놓았고, 2월 27일에는 러시아 핵 병력을 '경계 태세'에 놓았다. 억지력 쟁점이 다시 중요해졌다. 덴마크 남부대학교 전쟁연구센터(CWS)의 올리비에 슈미트 교수는 "무기와 핵 독트린의 현대화는 냉전 종식 이후 계속되었다. 그러나 강대국들의 경쟁 심화와 군비 제어에 관한 주요 조약들이 파기되면서 억지력이 전략적 상호작용의 조절 방식으로 다시 중요해졌다"고 강조했다. 그의 경고는 아시아까지 울려 퍼졌다.

중국과 러시아의 '무제한' 우정

국제법을 기준으로 따졌을 때 가까이하면 안 될 불가촉천민일 러시아는 우크라이나 침공으로 국제사회의 비난을 받았다. 2022년 3월 2일 열린 국제연합 총회에서 총 193개 회원국 중 141개국이 우크라이나 전쟁을 규탄하는 결의문에 찬성한 것이다(반대 5표, 기권 35표). 유럽은 중국이 기권했다는 사실에 기뻐했지만, 투표가 심각한 균열을 보여주는 것도 사실이다. 투표 결과는 앞으로의 세계 질서에서 역학 관계가 변할 것이고 그것이 서방에는 나쁜 징조임을 시사했다.

냉전 시대에 핵무기는 사용하지 말아야 하는 무기였지만 오늘날에는 핵무기 사용이 마치 가능한 것처럼 보인다.

유럽 각국은 인도의 기권이 러시아산 무기에 대한 의존도 때문이라고 풀이했다. 그러나 그것만으로는 인도가 미국, 일본, 호주가 참여하는 다른 동맹에 참여하지 않은 사실을 설명하지 못한다. 실제로 수브라마냠 자이샨카르 인도 외교부 장관은 2022년 2월 뮌헨과 파리에서 자국의 외교 정책에 '미국의 후퇴'를 반영했으며, 인도는 독자적 노선을 취하리라는 점을 강조했다.

중국은 훌륭한 중재자 역할을 하려 했지만 아무도 중국을 믿지 않는다. 러시아와 중국의 관계는 2022년 2월 4일, 푸틴이 베이징 올림픽 개막식에 참석했을 때 이미 굳어졌다. 시진핑 주석과 푸틴 대통령은 양국의 '무제한' 우정을 선언했고, 중국은 나토의 확장에 반대 뜻을 표했다. 2020년 이후 처음 러시아 밖으로 나온 푸틴이 10만 병사를 우크라이나 국경에 집결시킨 그때 자신의 계획을 언급했던가? 어쨌든 그는 2월 20일 올림픽이 끝날 때까지 기다렸다가 침공을 감행했다.

서방의 제재, 러시아와 유럽의 경제 결별, 세계화의 해체는 당연히 러시아와 중국의 관계를 가깝게 만들 것이다. 중국은 직접 만든 국제 결제 시스템에 러시아를 편입시켜 도우려 할 것이다. 컬럼비아대학교의 에너지 문제 전문가 피에르 노엘은 "중기적으로 우크라이나 위기가 세계 석유와 천연가스 시장에 미치는 영향은 러시아와 중국의 협력에 따라 크게 좌지우지될 것"이라고 예측했다. 그는 천연가스의 경우 러시아가 이미 수출국을 바꾸기 시작했다고 말했다. 2025년 가스관을 통해 중국으로 향하는 천연가스 수출량은 2022년까지 독일에 수출하던 양에 가깝다.

따라서 중국과 아시아의 신흥국들이 러시아 에너지 산업의 고립도를 결정하게 될 것이다. 노엘은 "그들의 관심은 에너지 가격 상승을 최대한 막고, 그렇게 해서 러시아가 수출을 유지할 수 있도록 돕는 것이다. 미국은 동남아시아 국가들에 압력을 넣겠지만 인도는 노선을 바꾸지 않을 것이다"라고 분석했다. 중국에는 전략적 판단도 분명히 들어간다. "중기적으로 가장 가능성이 큰 시나리오는 러시아의 에너지 산업이 고립되는 것이 아니라, 러시아의 의존도가 유럽에서 아시아로 넘어가는 것이다." 우크라이나와 지리적으로 먼 중국이 손에 쥔 카드가 더 많은 셈이다. 이것이 지정학적 시험의 마지막 테스트가 될 것이다.

실비 코프만

우크라이나 영토 변화 : 키이우 루스~1991년

대제국들의 주변에 머문 우크라이나는 부담스러운 이웃 국가 러시아와 함께 건국되어 많은 역사를 함께했다. 오늘날에는 상대국에 대한 기억이 러시아의 침공을 정당화하거나 비난하기 위한 수단으로 사용된다.

 1922년 : 소비에트 사회주의 공화국 연방 건국 당시 **우크라이나 소비에트 사회주의 공화국 국경선**

취득한 지역

 1939년 : 독일-소련 불가침 조약으로 합병된 폴란드 지역

1945년 : 소련-체코슬로바키아 조약으로 양도한 체코슬로바키아 지역

1948년 : 1947년 체결된 파리 조약에 따라 양도된 루마니아 지역

 1954년 : 당시 소련 공산당 중앙위원회 서기장이었던 흐루쇼프가 할당한 지역

양도한 지역

 1924년 : 러시아 소비에트 연방 사회주의 공화국에 양도

 1940년 : 몰도바 소비에트 사회주의 공화국에 양도

 1991년 : 독립 선포 당시 **우크라이나 소비에트 사회주의 공화국 국경선**

독립한 우크라이나가 통제권을 잃은 지역

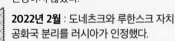 **러시아 합병 이후** : 2014년 3월 주민 투표 결과로 이루어진 합병은 국제사회가 인정하지 않았다.

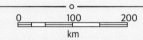 **2022년 2월** : 도네츠크와 루한스크 자치 공화국 분리를 러시아가 인정했다.

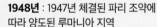

```
0        100       200
         km
```

출처 : C. Grataloup, P. Boucheron, *Atlas historique mondial* (Les Arènes/L'Histoire, 2019) ; 우크라이나 홀로도모르 기념관 ; S. Plokhy, "Mapping the Great Famine", *Harvard Ukrainian Studies*, 2015-2016 ; Demoscope.ru ; Digital Atlas of Ukrain(하버드대학교) ; European Soil Database(유럽연합 집행위원회)

— 882~1240년 —

기독교화한 최초의 동슬라브족 국가
키이우 루스

8세기부터 스칸디나비아의 바이킹 바랑기아인들이
동쪽으로 영역을 확장하면서, 흑해와 발트해의 해상
교역로가 열렸다. 키이우는 무역 중심지이자,
슬라브족을 통합해 권력의 중심지가 되었다.
블라디미르 1세가 기독교로 개종(988년)한 뒤 키이우
루스는 벨리키노브고로드와 모스크바까지 확장했다.
이후 영토가 분할되었다가 몽골족의 침략으로
멸망했다.

— 17세기 —

러시아와 폴란드로 분할된
우크라이나

노예 생활을 피하려고 도망친 농부들을 흡수한
반유목 민족인 카자크—러시아어로 '우크라이나'라고
하며 '우크라이나'라는 지명의 기원이 되었다—가
여러 왕국의 주변에 있는 대초원에서 번성했다.
1654년 러시아 황제와 동맹을 맺었으나 1667년에
러시아가 두 국민의 공화국(폴란드와 리투아니아)과
함께 이 지역을 나눠 가졌다. 영토는 양분되었는데,
드니프로강 서쪽을 폴란드가, 동쪽을 소러시아를
다스리던 러시아가 차지했다. 남쪽의 흑해 연안은
오스만 제국과 타타르인들이 장악했다.

— 18세기 —

러시아의 확장

예카테리나 2세가 러시아 제국을 대초원과 흑해 연안까지 확장하고자 했다. 그녀는 1772~1795년에 러시아의 보호령이 된 폴란드의 분할로 드니프로강 서쪽에 있는 옛 루스국의 영토를 되찾았다. 그사이 오스트리아-헝가리 제국은 르비우를 차지했다. 남쪽으로는 1774년과 1783년에 오스만 제국을 상대로 승리했다. 이로써 예카테리나 2세는 드니스테르강 하구에서 크림반도를 지나 돈강 하구에 이르는 노보로시아('새로운 러시아')를 장악하게 되었고 흑해로 나아갈 통로를 확보했다.

— 1917-1921년 —

혁명기

1917년 2월 혁명이 발발하면서 제정 러시아가 무너졌다. 우크라이나 의회가 키이우에 결성되었고 우크라이나 인민공화국의 독립을 요구했다. 1년 뒤 우크라이나는 제1차 세계대전 동맹국 및 신생 러시아 소비에트 공화국과 브레스트-리토프스크(오늘날의 브레스트)에서 평화 조약을 맺었다. 1918년 하르키우에서 건국을 선포한 우크라이나 인민공화국은 키이우에서 권력을 두고 다투었고, 그 이후 일어난 내전에서 승리했다. 1922년 소련의 건국에 참여했다.

프랑스 국립동양어문화대(INALCO)의 유럽-유라시아 연구소 연구원이자 프랑스-러시아 연구소의 부소장인 토마 쇼파르와 공동 제작한 지도

1932~1933년의 대기근과 은폐된 대학살

1932년과 1933년에 스탈린이 강제로 시행한 집단 농장화로 대기근이 발생했다. 우크라이나에서
'홀로도모르'라고 불리는 이 대기근으로 수백만 명의 농부가 목숨을 잃었다. 소련 정권은 오랜 세월
이 상징적인 비극을 은폐했고, 푸틴은 사건의 심각성을 축소했다.

현재
국경선

벨라루스 소비에트
사회주의 공화국

러시아 소비에트 연방
사회주의 공화국

체르니히우

구 지역
경계선

키이우

★ 하르키우

빈니차

우크라이나 소비에트
사회주의 공화국

드니프로페트로우스크
(드니프로)

스탈리노
(도네츠크)

티라스폴

오데사

아조프 해

크림 자치 소비에트
사회주의 공화국

100 km

흑 해

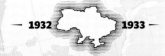

— 1932 1933 —

의도적으로 만들어진 대기근. 우크라이나 정부는 인종 학살로 규정했으며…

1933년 국경선

소련 정권의 근거지

현재 국경선

기념지가 된 대기근 희생자의 집단 묘지

소련은 '집단 농장화로 인한 공동의 비극'으로 평가했다.

소련

소련의 '곡물 창고'로 불리던 우크라이나의 비옥한 땅. 스탈린의 계획으로 가장 먼저 집단 농장화되었다.

대기근(1931~1933년)에 타격을 받은 소련의 주요 지역

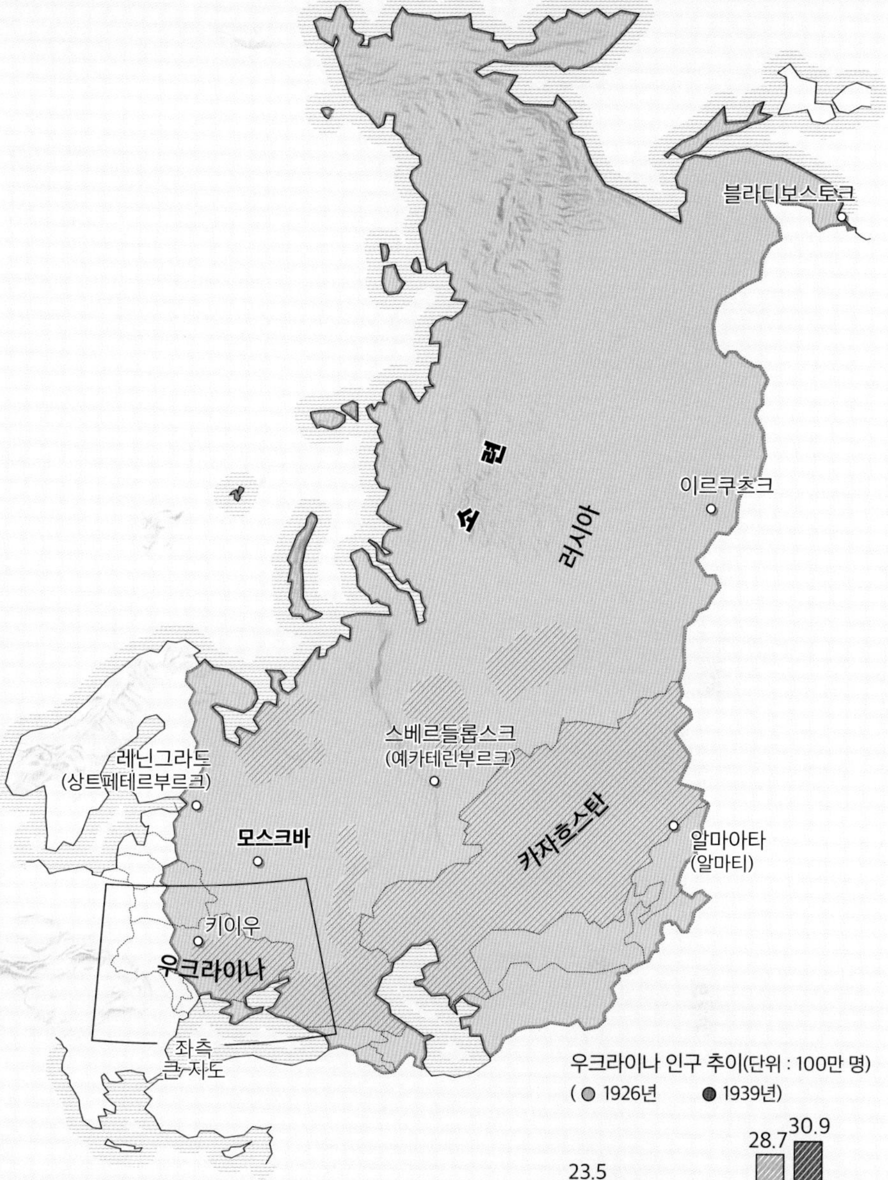
블라디보스토크
소련
러시아
이르쿠츠크
스베르들롭스크
(예카테린부르크)
레닌그라드
(상트페테르부르크)
모스크바
카자흐스탄
알마아타
(알마티)
키이우
우크라이나
좌측
큰 지도

1932~1934년 대기근으로 인한 사망자 수
(지역별 추정치)

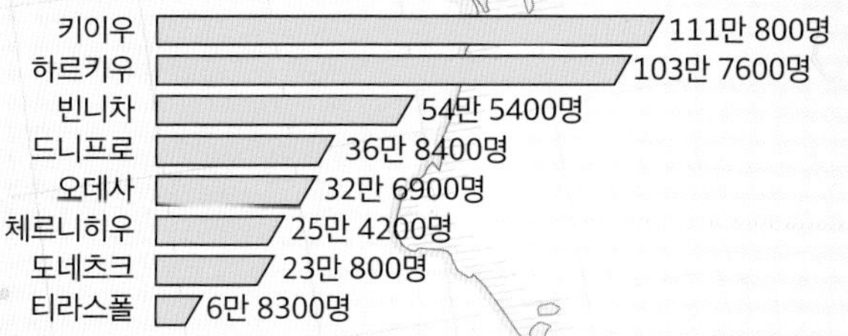
키이우 111만 800명
하르키우 103만 7600명
빈니차 54만 5400명
드니프로 36만 8400명
오데사 32만 6900명
체르니히우 25만 4200명
도네츠크 23만 800명
티라스폴 6만 8300명

우크라이나 인구 추이(단위 : 100만 명)
(1926년 1939년)

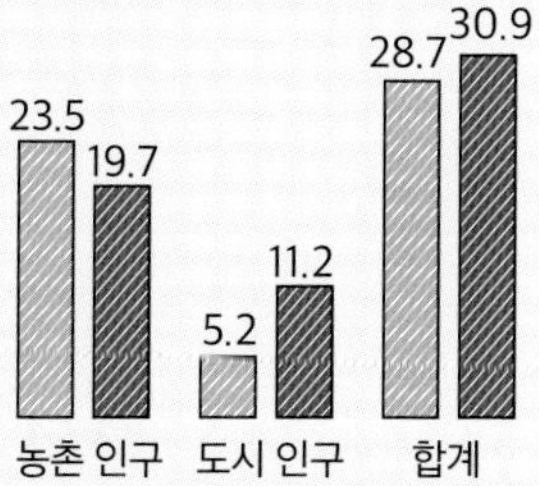
23.5
19.7
5.2
11.2
28.7
30.9
농촌 인구
도시 인구
합계

출처 : C. Grataloup, P. Boucheron, *Atlas historique mondial* (Les Arènes/L'Histoire, 2019) ; 우크라이나 홀로도모르 기념관 ; S. Plokhy, "Mapping the Great Famine", *Harvard Ukrainian Studies*, 2015-2016 ; Demoscope.ru ; Digital Atlas of Ukrain(하버드대학교) ; European Soil Database(유럽연합 집행위원회)

대조국전쟁

크림반도 합병에 이어 2014년 봄에 돈바스 전쟁이 시작되면서
우크라이나와 러시아의 분쟁은 과거사로 확대되었다.

2015년 4월, 우크라이나는 '탈소련'의 길로 들어서는 데 필요한 4개 법안을 통과시켰다. 첫 번째 법은 과거 '우크라이나의 공산주의 나치 독재 정권'을 규탄하면서, 그 정권의 '범죄적 특성'을 '공개적으로 부인하는 모든 행위'를 금지했다. 두 번째 법은 '20세기 우크라이나 독립을 위하여 싸운 자들의 명예와 기억'을 보장한다. 세 번째 법은 '1917~1991년 공산주의 독재 정권'의 경찰 기록을 공개하고 이를, 2006년 '공식' 역사의 토대를 닦는다는 기치 아래 창설된 우크라이나 과거사연구소가 관리한다는 내용이다. 네 번째 법은 '1939~1945년 제2차 세계대전에서 나치주의에 대한 영원한 승리'를 담고 있다. 그때까지 우크라이나는—러시아를 따라서—대조국전쟁을 기념했으며, 이는 1941년 6월 나치 독일이 소련을 상대로 전쟁을 일으키면서 시작된 것이라고 여겼다. 그러나 이제 대조국전쟁을 '제2차 세계대전'이라고 명명하고, 이 전쟁이 독일-소련 불가침 조약 체결과 폴란드 침공이 일어났던 1939년에 시작되었다고 바로잡은 것이다. 이로써 '존엄의 혁명' 이후의 우크라이나는 소련이 나치 독일에 공격을 받기 전 독일의 동맹국이었음을 상기시켰다.

이후 제2차 세계대전 발발의 역사를 재조명한 것은 이 법으로 대규모 혁신이 일어났음을 보여준다. 5월 8일을 '기억과 화해의 날'로 정한 것이 그 예다. 다른 유럽 국가와 영미권 국가는 이날을 제2차 세계대전 종전일로 기념하고 있기에, 이는 매우 상징적인 선택이었다. 그때까지 우크라이나는 5월 9일, 그러니까 소련이 나치 독일의 항복을 기념하기 위해 정한 날을 함께 기념하고 있었다. 1945년 나치 독일의 항복은 베를린 시각으로 5월 8일 밤 11시 1분, 모스크바 시각으로는 5월 9일 0시 1분에 발효되었다.

또 다른 결정도 의미가 크다. 영미권과 마찬가지로 개양귀비를 기념일의 공식 상징으로 정한 것이다. 제정 러시아를 상징하는 성 게오르기우스 훈장 대신 말이다. 러시아는 2005년에 승전을 기념하기 위해 이 훈장을 상징으로 채택한 바 있다.

과거사 전쟁

역사가 갈리아 애커만에 따르면 러시아는 옛 소비에트 공화국들을 배제하고, 제정 러시아에서 생겨나 동방 정교회에 의해 굳건해진, 러시아 민족을 메시아로 보는 시각을 바탕으로 악을 물리친 유일한 승리자 행세를 했다. 대규모 시민 행렬인 '불멸의 연대'가 그 상징이다. 이 행사에서 시민들은 전쟁에서 목숨을 잃은 조상들의 사진을 들고 행진한다. '불멸의 연대'는 2012년에 시작되어 2015년부터 승전 기념의 중요한 행사로 자리 잡았다.

1990년대에 폴란드와 발트 3국이 채택한 법과 꽤 유사한 우크라이나의 과거사 법은 많은 역사가의 우려를 낳았다. 그들은 우크라이나가 내세우는 민주주의적 가치와 다르게 '공식 역사'를 쓰겠다는 유혹에 빠지면 안 된다고 경고했다. 이런 관점에서 보면 2019년 4월 대선에서 젤렌스키 후보가 당선된 것에는 국민의 불안 해소 요인도 한몫했다.

2020년 4월 우크라이나의 싱크탱크인 일코 쿠체리브가 키이우 국제사회학연구소와 공동으로 수행한 조사는 제2차 세계대전에 관한 양국의 기억이 얼마나 다른지 보여준다. 응답자의 53퍼센트가 5월 8일을 '기억과 화해의 날'로 정한 것을 '잘했다'고 평가했고, 그중 61퍼센트는 우크라이나 정치 지도자들이 5월 9일 모스크바에서 열리는 기념식에 참석하지 않기를 바란다고 답했다. 친러 성향이 강한 것으로 알려진 우크라이나 동부와 남부에서도 동일한 결과가 나왔다. 그중에서도 가장 놀라운 결과는 전쟁 발발 원인에 관한 것이다. 응답자의 56퍼센트가 소련과 독일 나치가 공동의 책임이 있다고 답했고, 그렇지 않다고 답한 응답자는 24퍼센트에 그쳤다.

푸틴은 우크라이나에 탱크를 보내기 약 2년 전에 이미 역사의 전쟁에서 패한 셈이다.

토마 비데르 & 제롬 고트레

동부 전선

1939 — 1942

1939년 상황
- 나치 독일과 동맹국
- 소련
- 폴란드

1942년 말 상황
- 나치 독일과 동맹국들이 장악한 영토
- 독일군 점령지
- 유대인과 반대 세력을 제거하는 임무를 맡은 나치 독일의 특수작전집단 이동 경로
- 특수작전집단과 독일군, 루마니아군, 현지 주민으로 구성된 보조 병력이 자행한 학살
- 우크라이나 민족주의 전사들이 핵심 역할을 했던 주요 포그롬(유대인 탄압과 학살) (1941년 여름)

스웨덴
덴마크
레닌그라드 (상트페테르부르크)

소 비 에 트 사 회 주 의 공 화 국 연 방

모스크바

베를린
스몰렌스크

대게르만국
바르샤바
폴란드

크라쿠프
1942년 국경선
슬로바키아
리비우
우크라이나 현재 국경선
헝가리
키이우
하르키우

루마니아
오데사
로스토프나도누

심페로폴

흑해

200 km

출처 : The Holocaust by Bullets(Yahad-In Unum) ; R. Brandon, W. Lower, *The Shoah in Ukraine* (Indiana University Press, 2008) ; C. Grataloup, P. Boucheron, *Atlas historique mondial* (Les Arènes/L'Histoire, 2019)

존엄의 혁명에서 돈바스 전쟁까지

2014년 유럽 내 국경선이 2008년 코소보의 독립 선언 이후 처음으로 변경되었다. 세르비아가 요구한 코소보의 독립과는 달리 러시아의 크림반도 합병은 단 몇 주 만에 종결되었다. 러시아는 무력으로 타국에 자국의 의지를 관철했다.

크림반도 합병은 그해 우크라이나에 불어 닥친 정치적 혼란 덕분에 가능했다. 2013년 11월에서 2014년 2월까지 석 달 동안 진행된 '존엄의 혁명'은 야누코비치 대통령을 권좌에서 물러나게 했을 뿐만 아니라 우크라이나의 면모를 바꾸어놓았다.

이유는 정확히 알 수 없지만 푸틴 대통령이 '크림반도로의 복귀' 작전에 참가할 병사들에게 훈장을 수여한 일이 2월 20일 작전의 신호탄이 되었다. 그리고 이틀 뒤에 야누코비치 대통령이 축출되었다.

친유럽 세력이 집권하자 크림반도에서 실질적인 거부 반응이 일어났다. 크림반도는 주민의 절반 이상이 러시아 민족이며, 1954년 흐루쇼프 당시 소련의 수장이 우크라이나 사회주의 공화국에 통합시킨 지역이다. 푸틴은 크림반도를 러시아 연방에 합병시킨 주역은 러시아 병사들이라고 인정한다. 2014년 3월 16일 주민 투표로 합병은 공식 인정되었다. 이 투표에는 유럽 극우 정당들이 보낸 소수의 옵서버들이 참관했다.

분리주의라는 종기

현지 주민들의 실질적인 불신을 이용한다는 시나리오는 돈바스 지역의 위기가 시작되었을 때도 동일했다. 산업이 기울고 러시아어 사용 주민이 많은 돈바스 지역에서 2014년 3월 많은 시위가 일어났다. 4월에는 반군이 형성되었다. 그러나 돈바스 지역에 대한 푸틴의 속셈은 달랐다. 그는 우크라이나 영토의 일부를 다시 빼앗아오고 싶었던 것이 아니라, 종기 같은 분리주의 세력을 만들어 우크라이나에 지속적인 불안정을 초래하고자 했다.

우크라이나 정부는 돈바스 지역에 군대를 파견하기로 했고, 이에 러시아군이 대규모로 개입하자 분쟁은 전쟁으로 확대되었다. 이 전쟁으로 6년간(2014~2021년) 1만 4000명 이상 사망한 것으로 공식 집계되었다.

2015년 2월에 체결된 민스크 협정은 휴전과 병력 철수를 결정했고, 반군이 장악한 지역을 우크라이나가 관할하도록 했다. 그러나 우크라이나 당국은 돈바스 지역에서 주권을 행사할 수 없었고 협정 이행이 교착 상태에 빠지면서, 결국 2022년 2월 21일 러시아 정부가 이 지역의 독립을 인정하게 되었다. 이것이 러시아의 우크라이나 침공의 서막이었다.

브누아 비트킨

2014년 3월
러시아의 크림반도 합병

러시아 흑해 함대 총사령부. 우크라이나가 1991년에 독립한 뒤 러시아는 2017년 만료될 계약을 체결하여 항구 통제권을 유지했다. 2014년까지 항구에는 우크라이나 함대 총사령부도 있었다.

러시아 군사 공항

러시아 군대가 장악한 우크라이나 기지

크림반도와 러시아를 연결하는 전략 도로

러시아가 군사적으로 개발하려는 항구

2018년 5월 개통된 크림반도와 러시아를 잇는 다리

2014년 4월~8월
친러 세력의 봉기에서 전쟁까지

친러 세력이 장악한 공공 건물
(2014년 4월~5월)

2014년 5월 11일 독립에 관한 주민 투표가 치러진 지역

친러 세력이 장악한 지역(2014년 8월 말)

2014년 러시아 병력의 공식 위치

병사 및 군사 설비 보급

우크라이나 주요 군사 기지

2014년 4월 군대 재배치

2014년 7월 17일 친러 지역에서 발사된 미사일이 민간 항공기 MH17 격추

출처 : 2001년 인구 조사(우크라이나 통계국) ; "Ukraine Military Dispositions"(Royal United Services Institute, April 2014) ; Graphic News ; AFP ; 로이터통신 ; 《워싱턴 포스트》 ; 《르몽드》

2014~2022년 : 러시아의 새 국경

2014년 돈바스 지역의 친러 분리주의 세력이 공격을 감행하면서 우크라이나 국내에 분계선이 그어졌다.
러시아의 우크라이나 침공이 벌어지고 한 달 뒤인 2022년 3월, 러시아는 병력을 키이우에서 철수하고
'돈바스 지역의 해방'에 집중한다고 발표했다.

2014년 실질적 국경선이 된 전선

- ⋯⋯ 427킬로미터에 달하는 교전선
- ▢ 우크라이나가 전쟁 초기인 2022년 2월 24일까지 관할한 지역
- ▢ 2014년 5월 주민 투표로 독립을 선언한 인민공화국. 2022년 2월 21일 러시아가 독립을 승인했다.
- ◯ 민스크 협정에 의거하여 직경 100 밀리미터 이상인 무기 철수가 의무화된 지역(15킬로미터)
- 20 / 100 / 152 : 2015년 2월 1일~ 2022년 2월 23일 사망자 수
- 🚶 도보자만 통과 가능한 검문소
- 🚗 일주일에 두 번 차량 통과만 가능한 검문소
- ⊖ 2020년 3월 우크라이나 정부가 코로나19 사태로 폐쇄한 검문소. 분리파 당국이 재개방을 거부했다.
- ↕ 행정 및 보건 서비스를 받기 위해 분리주의 지역에서 우크라이나 정부 관할 지역으로 주민 이동
- 도시 지역

출처 : 무력분쟁·사건 분석 프로젝트(ACLED) ; Liveuamap.com ; "Ukraine,
Crossing Points - Humanitarian Snapshot : May 2021"(UNOCHA) ; 《르몽드》

2014

3월
주민 투표 이후 러시아의 크림반도 합병. 국제사회는 합병을 인정하지 않았다.

4월
돈바스 지역에서 분쟁 발발. 4월 7일 친러 반정부 세력이 주도인 도네츠크와 루한스크에서 내무부를 장악했다.

7월
우크라이나군 공격 (슬로반스크 탈환). 러시아군의 직접 개입으로 저지당했다.

9월
휴전을 위한 1차 민스크 협정 체결

2015

2월
2차 민스크 협정 체결. 그러나 일주일 뒤 분리주의자들이 드발체프를 점령하며 협정을 어겼다.

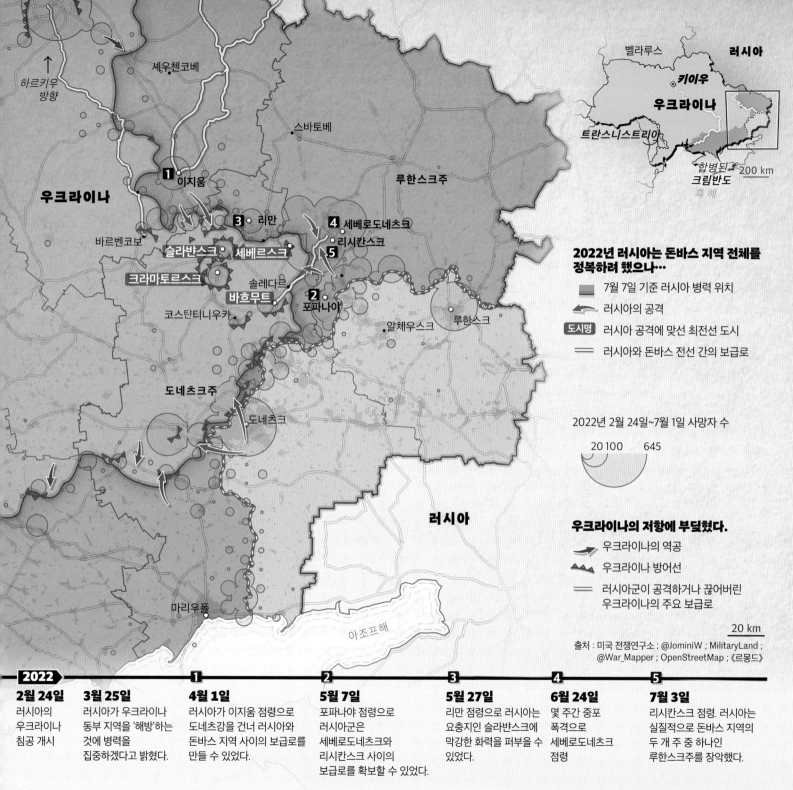

셰우첸코베

스바토베

루한스크주

이지움 **1**

하르키우
방향

우크라이나

바르벤코보

리만 **3**

슬라뱐스크   세베르스크

세베로도네츠크 **4**
리시칸스크 **5**

크라마토르스크

솔레다르

바흐무트

포파나야 **2**

코스탄티니우카

알체우스크

루한스크

도네츠크주

도네츠크

러시아

마리우폴

아조프해

벨라루스   러시아

키이우

우크라이나

트란스니스트리아

합병된
크림반도

흑해

200 km

**2022년 러시아는 돈바스 지역 전체를
정복하려 했으나…**

▨ 7월 7일 기준 러시아 병력 위치

◂ 러시아의 공격

▭ 도시명 ▭ 러시아 공격에 맞선 최전선 도시

═ 러시아와 돈바스 전선 간의 보급로

2022년 2월 24일~7월 1일 사망자 수

20 100   645

우크라이나의 저항에 부딪혔다.

◂ 우크라이나의 역공

▲▲ 우크라이나 방어선

═ 러시아군이 공격하거나 끊어버린
우크라이나의 주요 보급로

20 km

출처 : 미국 전쟁연구소 ; @JominiW ; MilitaryLand ;
@War_Mapper ; OpenStreetMap ;《르몽드》

2022

2월 24일
러시아의
우크라이나
침공 개시

3월 25일
러시아가 우크라이나
동부 지역을 '해방'하는
것에 병력을
집중하겠다고 밝혔다.

1
4월 1일
러시아가 이지움 점령으로
도네츠강을 건너 러시아와
돈바스 지역 사이의 보급로를
만들 수 있었다.

2
5월 7일
포파나야 점령으로
러시아군은
세베로도네츠크와
리시칸스크 사이의
보급로를 확보할 수 있었다.

3
5월 27일
리만 점령으로 러시아는
요충지인 슬라뱐스크에
막강한 화력을 퍼부을 수
있었다.

4
6월 24일
몇 주간 중포
폭격으로
세베로도네츠크
점령

5
7월 3일
리시칸스크 점령. 러시아는
실질적으로 돈바스 지역의
두 개 주 중 하나인
루한스크주를 장악했다.

전쟁 한 달 뒤 정체된 국경

푸틴이 2022년 2월 24일에 개시한 우크라이나 독립 취소 전쟁은 갑자기 속도가 늦춰졌다. 러시아 군대가 멎어버린 것이다.

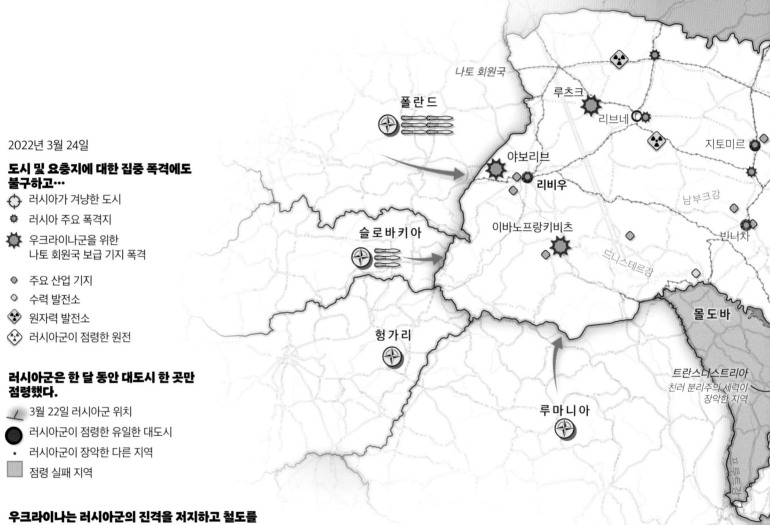

벨라루스
러시아의 동맹국이자 러시아 군사 작전의 후진 기지

나토 회원국

폴란드

루츠크

리브네

지토미르

야보리브

리비우

남부크강

이바노프랑키비츠

빈니차

슬로바키아

드니스테르강

몰도바

헝가리

트란스니스트리아
친러 분리주의 세력이 장악한 지역

루마니아

다뉴브강

불가리아

2022년 3월 24일

도시 및 요충지에 대한 집중 폭격에도 불구하고…

- ✛ 러시아가 겨냥한 도시
- ✺ 러시아 주요 폭격지
- ✺ 우크라이나군을 위한 나토 회원국 보급 기지 폭격
- ◆ 주요 산업 기지
- ◇ 수력 발전소
- ☢ 원자력 발전소
- ☢ 러시아군이 점령한 원전

러시아군은 한 달 동안 대도시 한 곳만 점령했다.

- 3월 22일 러시아군 위치
- ● 러시아군이 점령한 유일한 대도시
- · 러시아군이 장악한 다른 지역
- ▢ 점령 실패 지역

우크라이나는 러시아군의 진격을 저지하고 철도를 장악했으나 항구 밀집 지역을 잃었다.

- 우크라이나 전선
- 도로망
- 철도망

나토의 지원

- → 군용품 전달
- 다국적 부대
- 패트리어트 미사일 배치

해상 흑해와 아조프해 장악

- 러시아 해군
- ↗ 돈바스에서 크림반도를 거쳐 트란스니스트리아까지 이어지는 회랑

키이우
우크라이나 수도를 정복하면 러시아는 젤렌스키 정부를 러시아에 협력하는 행정부로 물갈이할 수 있겠지만, 러시아군이 파리보다 8배 큰 키이우를 포위하지 못하고 있다.

하르키우
인구가 두 번째로 많은 우크라이나 도시인 하르키우는 1917년 민족주의 공화국에 반대하는 볼셰비키 저항을 상징한다. 러시아 국경과 가깝고 지리적 장애물이 없어서 하르키우는 러시아의 첫 번째 공격 목표가 되었다.

드니프로
항공 산업 중심지인 드니프로는 남부와 동부의 통행을 막는 역할을 한다.

이지움과 세베로도네츠크
두 도시를 점령하면 돈바스 지역의 분리주의 공화국들을 상대하는 우크라이나군의 배후를 공격할 수 있다.

마리우폴
러시아는 항구 도시 마리우폴을 공격해서 돈바스 지역부터 크림반도까지 영토가 이어지기를 바란다. 우크라이나는 3월 20일 마리우폴의 항복을 요구하는 러시아의 최후통첩을 거부했다.

자포리자
우크라이나를 상징적으로, 그리고 지리적으로 동서로 양분하는 드니프로강의 좌안과 서안을 잇는 철도 요충지

미콜라이프
육상으로 오데사로 접근 가능하고 보즈네센스크 원자력 발전소로 통하는 관문

오데사
우크라이나 수출의 75퍼센트가 통과하는 전략항. 푸틴은 2022년 2월 21일 연설에서, 2014년 노조 본부 화재 당시 친러 세력인 42명의 전사가 사망한 사건에서 오데사가 했던 역할을 상기시켰다.

체르니히우
체르노빌
브로바리
키이우
코노토프
수미
러 시 아
하르키우
폴타바
도네츠강
이지움
세베로도네츠크
우 크 라 이 나
드니프로강
크라마토르스크
루한스크
드니프로
고를로프카
크리비리흐
자포리자
도네츠크
보즈네센스크
자포리자 원자력 발전소
돈바스
2014년 4월 이후 친러 성향의 분리주의자들이 장악한 지역이다. 이곳 주민들은 러시아 여권을 발급받을 수 있다.
미콜라이프
헤르손
마리우폴
멜리토폴
베르단스크
오데사
아 조 프 해
러 시 아
즈미이니섬
흑 그림 안 해
크림반도
2014년 러시아에 합병
케르치 해협
세바스토폴
흑   해
100 km

출처 : 미국 전쟁연구소 ; Michel Goya, *Le Grand Continent* ; 프랑스 싱크탱크 전략연구재단 ; 국제연합 인도주의업무조정국 ; Zoi Environment Network ; AFP ; 로이터통신 ; 《르몽드》

우크라이나 전쟁을 규탄하는 국제연합 결의안 : 어느 국가가 반대했는가?

회원국 절대다수가 러시아에 우크라이나 전쟁을 멈출 것을 요구했지만
일부 국가, 특히 개발도상국들은 기권을 선호했다. 이는 우크라이나 전쟁이
유발한 세계 질서의 큰 변화를 보여준다.

2022년 3월 2일 투표

우크라이나 전쟁에 관한 국제연합 총회 투표 결과

*러시아의 침공을 규탄하고 우크라이나에서
무력 사용을 즉각 중단할 것을 촉구하는 결의안*

각국의 입장

■ 찬성 ■ 반대

■ 기권 ■ 불참 □ 비회원국

국제연합 193개 회원국 중

찬성	141
반대	5
기권	35
불참	12

2014년 3월 27일 투표

국제연합 193개 회원국 중

2014년

찬성	100
반대	11
기권	58
불참	24

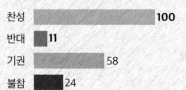

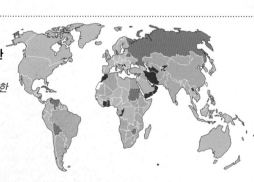

쿠바
러시아를 지지하지 않았다.
역사적 전환

베네수엘라
회비를 내지 않아
투표권을 잃어서
투표를 할 수 없었다.

우크라이나 영토 주권에 관한
국제연합 총회 투표 결과

*크림반도 합병 인정 거부에 관한
각국의 입장*

헝가리
러시아의 전통적인 유럽 동맹국인
헝가리는 러시아군이 공격을
개시하자 거리를 두었다.

세르비아
전통적으로 러시아가 원하는
방향으로 투표했던 세르비아는
처음으로 다른 입장을 선택했다.

러시아의 동맹국들
결의안에 반대한 국가는
4개 국가뿐이었다.
벨라루스
시리아
북한
에리트레아

중국
거부권을 행사할 것이라고
엄포를 놓았던 중국은 결국
기권했다. 《뉴욕 타임스》에
따르면 중국 정부는 푸틴에게
동계올림픽이 끝날 때까지
키이우 공격을 미뤄달라고
요청했다.

아라비아반도
안전보장이사회에서 기권했던
사우디아라비아는 결의안에
찬성표를 던졌다. 미국의
압력으로 인한 입장 변화였다.
걸프만 국가들은 기권한 이란과
이라크를 제외하고 모두 서방과
뜻을 같이했다.

아프리카 대륙
기권한 35개국 중 17개국이 아프리카 국가였다. 말리, 중앙아프리카공화국, 수단과 같이
러시아와 새롭게 관계를 맺는 국가들이 포함되어 있다(용병 파견, 안전보장이사회 투표
당시 외교적 영향력 행사 등).

출처 : 국제연합

차이를 만들어낸 무기들

러시아의 침공 초기에 우크라이나 군대가 사용한 대전차 미사일과 무인 전투기는
가장 두드러지면서도 효율적인 무기였다.

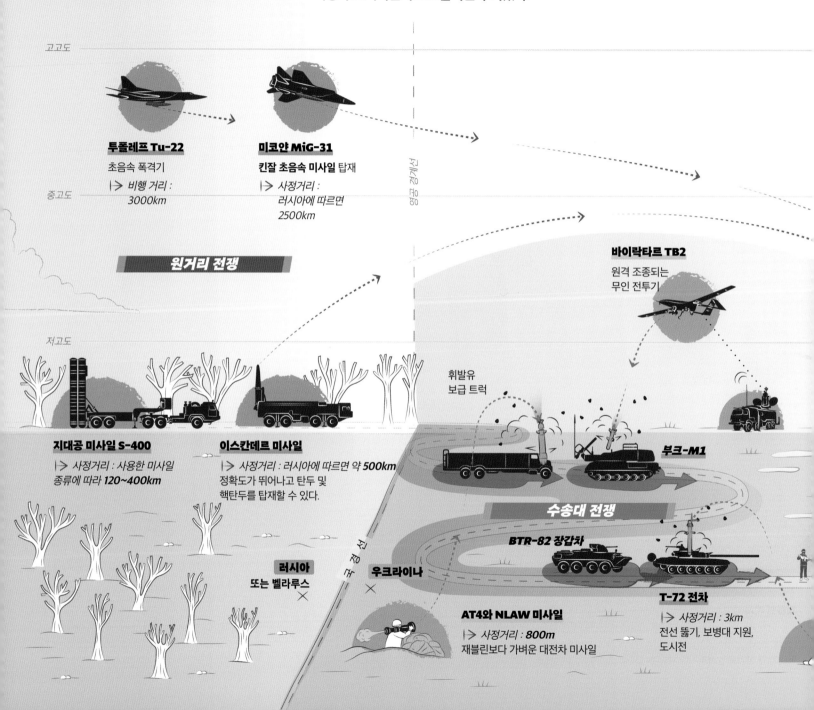

고고도

중고도

저고도

투폴레프 Tu-22
초음속 폭격기
▸ 비행 거리 :
3000km

미코얀 MiG-31
킨잘 초음속 미사일 탑재
▸ 사정거리 :
러시아에 따르면
2500km

공역 경계선

원거리 전쟁

바이락타르 TB2
원격 조종되는
무인 전투기

휘발유
보급 트럭

부크-M1

지대공 미사일 S-400
▸ 사정거리 : 사용한 미사일
종류에 따라 120~400km

이스칸데르 미사일
▸ 사정거리 : 러시아에 따르면 약 500km
정확도가 뛰어나고 탄두 및
핵탄두를 탑재할 수 있다.

수송대 전쟁

BTR-82 장갑차

러시아
또는 벨라루스

우크라이나

T-72 전차
▸ 사정거리 : 3km
전선 뚫기, 보병대 지원,
도시전

AT4와 NLAW 미사일
▸ 사정거리 : 800m
재블린보다 가벼운 대전차 미사일

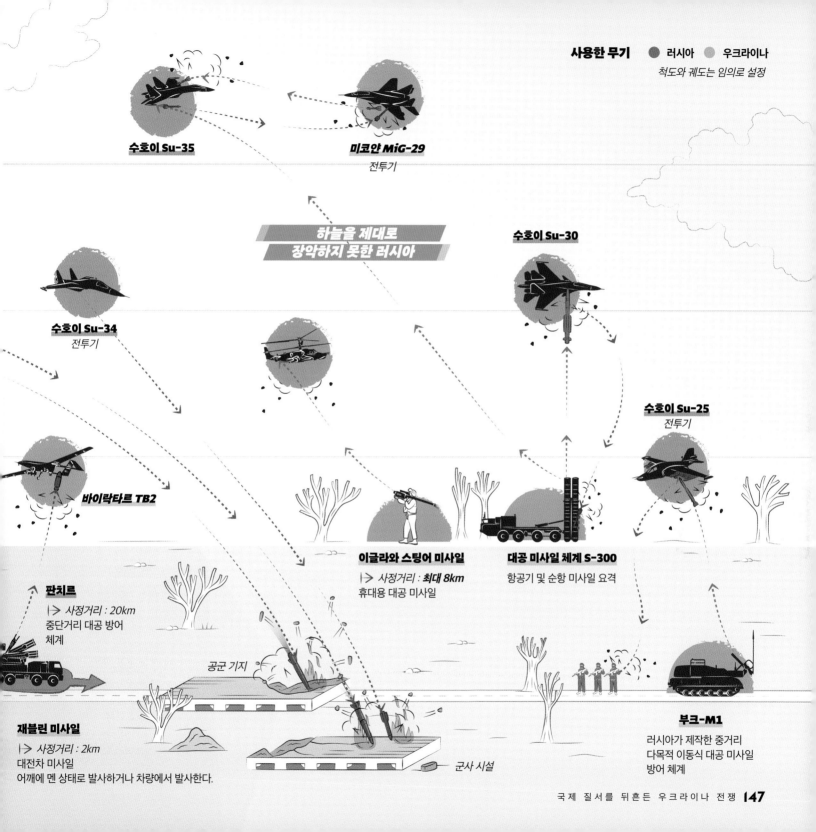

사용한 무기 ● 러시아 ● 우크라이나
척도와 궤도는 임의로 설정

수호이 Su-35

미코얀 MiG-29
전투기

하늘을 제대로
장악하지 못한 러시아

수호이 Su-30

수호이 Su-34
전투기

수호이 Su-25
전투기

바이락타르 TB2

이글라와 스팅어 미사일
┝ 사정거리 : **최대 8km**
휴대용 대공 미사일

대공 미사일 체계 S-300
항공기 및 순항 미사일 요격

판치르
┝ 사정거리 : 20km
중단거리 대공 방어
체계

공군 기지

재블린 미사일
┝ 사정거리 : 2km
대전차 미사일
어깨에 멘 상태로 발사하거나 차량에서 발사한다.

└ 군사 시설

부크-M1
러시아가 제작한 중거리
다목적 이동식 대공 미사일
방어 체계

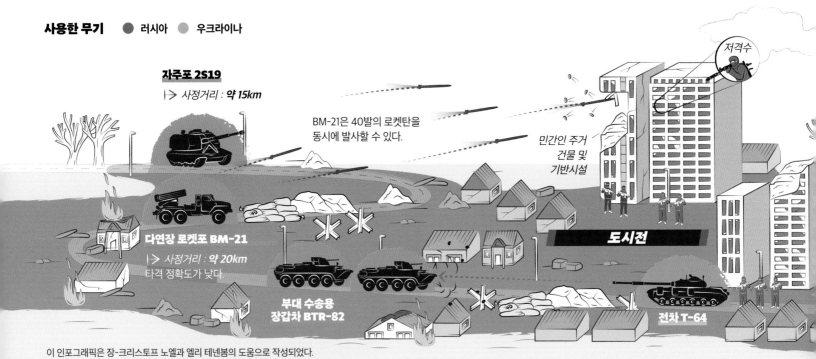

자주포 2S19

├─> 사정거리 : **약 15km**

BM-21은 40발의 로켓탄을
동시에 발사할 수 있다.

민간인 주거
건물 및
기반시설

저격수

다연장 로켓포 BM-21

├─> 사정거리 : **약 20km**
타격 정확도가 낮다.

도시전

부대 수송용
장갑차 BTR-82

전차 T-64

이 인포그래픽은 장-크리스토프 노엘과 엘리 테넨봄의 도움으로 작성되었다.

출처 : J. C. Noël, "Quelle campagne aérienne au-dessus de l'Ukraine?", IFRI(31 mars 2022) ; 로이터통신 ; World Air Force Report 2022 ;
전략국제연구센터 ; 로소보로넥스포르트 ; 록히드 마틴 ; Graphic News ; 《르몽드》

러시아의 우크라이나 침공 소식이 소셜네트워크에 과도하게 올라오고 서방의 군사 지원이 대규모로 이루어지면서, 우크라이나라는 무대에 사용된 군비가 매우 잘 드러나게 되었다.

사이버 분야를 제외했을 때 가장 많이 사용된 무기는 무엇일까? 전쟁 초기에 가장 결정적인 역할을 한 무기는 무엇일까? 많은 전문가가 대전차 및 대공 무기, 그리고 무인기가 우크라이나의 작전 측면에서 가장 효과적이었다고 진단한다.

이러한 무기들이 성공할 수 있었던 가장 큰 이유는 전격전을 벌인다는 러시아의 초기 계획이 실패로 돌아간 것이다. 이후 전차(러시아가 보유한 전차의 10퍼센트에 해당하는 1800~2000대)와

장갑차(러시아가 보유한 장갑차의 3분의 1에 해당하는 8000대)가 우크라이나로 대거 침투했다. 소련군의 상징이었고 이미 그 효능이 검증된 전차—특히 T-72(일부는 현대화되었다)—는 우크라이나 전선을 충분히 뚫을 수 있을 것 같았다. 러시아는 사실 우크라이나 전선이 그리 굳건하지 않다고 판단했다.

그러나 이는 우크라이나의 저항과 서방의 반응을 계산에 넣지 않은 판단이었다. T-80이나 T-90처럼 가장 최근에 개발된 러시아 전차가 투입되었지만 "우크라이나가 대규모로 보유하기도 했고 서방에서 보내준 대전차 무기 덕분에 전세를 역전시켰다"고, 프랑스의 국제관계연구소 산

하 러시아/신생독립국센터의 연구원 디미트리 미니크가 말했다. 특히 미국산인 재블린과 스웨덴·영국 합작인 AT4나 NLAW는 쉽게 휴대할 수 있고 수백 미터 밖에서 전차와 장갑차를 무력화할 수 있는 무기다.

러시아 '특별 작전'의 약점 중 하나가 보급 문제—러시아는 전쟁 장기화에 대비하지 않았다—가 될 것이라는 사실이 빨리 드러났고, 우크라이나는 군수 지원 호송대의 호위가 약한 틈을 타서 호송대를 공격 대상으로 삼았다. 이때 과거와 차이를 드러낸 부분이 바로 무인기 사용이었다. 특히 전투 드론인 바이락타르 TB2의 활약이 두드러졌다. 전쟁이 시작되기 직전 우크라이나는

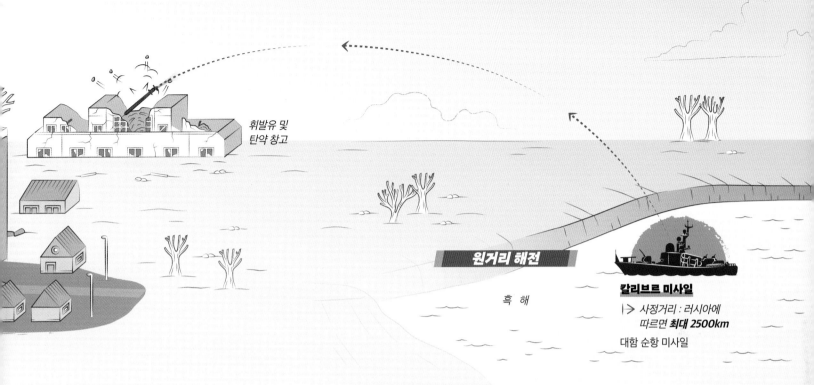

휘발유 및
탄약 창고

원거리 해전

흑 해

칼리브르 미사일

ㅣ→ *사정거리 : 러시아에
따르면 **최대 2500km***

대함 순항 미사일

이 드론을 약 20대 사들였다. 러시아는 비슷한 수준의 무인기를 동원할 수 없었는데, 무장 드론 분야에서 러시아가 상대적으로 뒤떨어져 있기 때문이다.

러시아는 무인기의 위협에 대비한 고도의 대공 미사일 체계를 이론적으로는 여럿 갖추고 있었다. 큰 트럭처럼 생겼으며 레이다, 포, 미사일 발사기를 갖춘 부크와 판치르 체계가 그 예다. 그러나 전쟁 초기에 나온 수많은 영상에는 레이다가 멈추면서 부크 체계가 고전하는 모습이 담겼다.

저(低)고도 장악을 위한 싸움에서 우크라이나는 무시 못 할 우위를 가지고 있었다. 우선 이글라 대공 미사일 체계—우크라이나 독립 이전에 소련

이 남겨둔 것이다—를 대규모로 사용했고, 부가적으로 서방이 보내준 스팅어 체계도 동원했다. 적외선 감지 기능이 있는 휴대용 미사일 발사기인 이글라와 스팅어는 저고도에서 헬리콥터와 전투기를 요격할 수 있다.

러시아는 우크라이나의 대공 체계 때문에 전투기보다는 우크라이나 영토 밖인 러시아와 벨라루스에서 발사하는 미사일을 선호했다. 가장 많이 사용한 미사일은 사정거리가 500킬로미터로 짧고 오차 범위가 수십 미터밖에 되지 않는 이스칸데르 탄도미사일이었다. 이스칸데르는 핵탄두를 실을 수 있어서 서방의 우려를 낳은 미사일이다. 러시아는 비록 더 적은 비율이었지만 칼리브

르 순항 미사일도 사용했다. 러시아군의 자랑인 칼리브르는 조작이 쉽고 단거리와 장거리(경우에 따라 1500~2500킬로미터)까지 사정거리가 나오며 역시 핵탄두를 실을 수 있다. 우크라이나 전쟁에서 러시아는 흑해에 있는 군함에서 이 미사일을 발사했다.

사용된 무기 중 특이한 것으로는 킨잘 초음속 미사일이 있다. 러시아에 따르면 이 미사일의 속도는 최대 마하10(시속 약 1만 2000킬로미터)이다. 또 시리아 내전에서 사용했던 것처럼 민간인을 상대로 백린 소이탄이 동원되었다. 돌격소총을 쥔 러시아 보병대—일부는 어린 신병—의 일탈도 처참한 살육을 낳았다.

엘리즈 뱅상

파괴된 도시 마리우폴

전쟁이 시작되자마자 공격 목표가 된 전략적 항구 도시 마리우폴은 우크라이나 국민에게
순교자를 상징하게 되었다. 2022년 5월 20일 우크라이나의 마지막 전사들이 항복하기 전까지
석 달 가까이 포위되고 무차별적인 폭격을 맞으며 많은 사망자가 발생했다.

5월 21일 러시아군 위치

2014년 러시아에 합병된 영토

러시아가 장악한 분리주의 영토

오데사와 러시아를 잇는
고속도로

아조우스탈 제철소의
우크라이나 전쟁포로들이
이송된 도시

벨라루스 · 러시아 · 키이우 · 우크라이나 · 돈바스 · 자포리자 · 도네츠크 · 올레니우카 · 베르단스크 · 노보아조우스크 · 마리우폴 · 오데사 · 트란스니스트리아 · 합병된 크림반도 · 흑해

베르단스크 방향
← M-14

항구
마리우폴은 전쟁 이전
오데사 다음으로
가장 큰 우크라이나의
항이었다.

✈ 공항

진격 상황

☐ 러시아군과 돈바스 지역의
친러 세력 부대들의 진격

■ 산업 지역

3월 15일
포위된 도시

러시아가 침공한 2월 24일부터
마리우폴은 폭격을 당했다. 3월 9일
산부인과와 아동병원(ℍ)이 폭격되었다.
일주일 뒤인 3월 16일에는 1000여 명의
시민이 피신해 있던 극장(🏛)이
파괴되었다.

일리치 · ℍ 🏛

3월 24일
도시 입성

러시아군이 도심으로 진격해서 극장(🏛)과
성당(✝)을 장악했다. 이후 일리치 제철소로
진격했다. 4월 10일 러시아는 아조우스탈
제철소에 방어 진지를 구축한 우크라이나
전사들에게 최후통첩을 했다.

일리치 · ✝ · 아조우스탈

올레니우카,
도네츠크 방향

일리치 산업 단지

마리우폴

노보아조우스크,
로스토프 방향

M-14

거주 지역

도심

극장

시청

자유광장

**아조우스탈
산업 단지**

아조프 해

파괴되거나 손상된 건물
▨ 산업 지역 내
▨ 거주 지역 내
▨ 기타 공간 내

출처 : 유럽 인공위성 Sentinel-1A에서
보내온 폭격 관련 데이터(Masae Analytics가
분석) ; OpenStreetMap ; 미국 전쟁연구소 ;
《르몽드》

2 km

4월 13일
러시아군의 합류

일리치

아조우스탈

러시아군이 도시의 동쪽과 서쪽에서 각각 진격해
두 제철소를 포위하자 1000명의 우크라이나
병사가 항복했다. 일리치 제철소를 손에 넣은
러시아는 아조우스탈 제철소를 부분 공격했다.
제철소에 방어 기지를 만들었던 우크라이나
군인들은 러시아군이 돈바스 전선을 강화하지
못하도록 끝까지 싸웠다. 4월 21일 푸틴은
마리우폴의 '해방'을 선언하고 제철소 포위를
명령했다.

4월 24일
고립된 아조우스탈

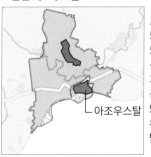

아조우스탈

포위가 몇 주 동안 이어진 뒤
5월 3일에 공격이 시작되었다.
5월 5일 러시아의 일방적인 휴전이
선언되어 민간인들의 탈출이
가능했다. 5월 16일에는 우크라이나
군인들이 친러 지역으로 탈출했다.
5월 19일에 러시아는 1730명의
우크라이나 병사가 항복했다고
발표했다.

전쟁에 시련을 겪는 우크라이나 농업

우크라이나는 지난 10년간 세계 주요 곡물 수출국이 되었다. 그러나 훌륭했던 곡물 보급 체계가
러시아 침공으로 작동을 멈췄다. 흑해 봉쇄로 인해 우크라이나의 밀, 옥수수, 유채, 해바라기, 귀리를
수입했던 수많은 국가가 식량 안보 위기를 맞았다.

러시아의 공격으로…

- ░░ 2014년 러시아가 합병한 영토
- ▨ 친러 세력이 장악한 분리주의 영토
- ▪▪▪ 2022년 5월 6일 전선
- ▣ 러시아 주요 군사 기지
- ⊞ 우크라이나가 탈환한 지역

곡물 생산이 멈췄고…

재배 지역

- ◆ 밀
- ◆ 옥수수
- ◆ 해바라기
- ◆ 2021년 대형 곡물 창고(저장 능력 22만 톤 이상)

수출이 막혔다.

- ⋮⋮⋮ 철도
- ⇄ 기차로 유럽까지 운송되는 화물의 주요 통행로
- ▣ 러시아가 장악한 역
- ✸ 철도를 겨냥한 러시아의 폭격
- ◈ 러시아의 흑해 봉쇄로 가로막힌 우크라이나 곡물항
- ◈ 러시아가 장악한 곡물항
- ▓ 우크라이나 해상 접근로 봉쇄

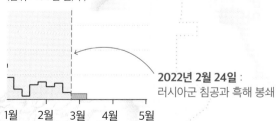

2022년 1월~5월
오데사 항의 화물 통행량 추이
(단위 : 100만 톤/주)

2022년 2월 24일 :
러시아군 침공과 흑해 봉쇄

1월 2월 3월 4월 5월

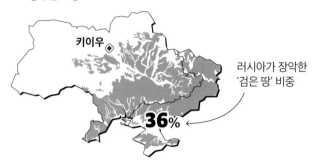

■ '검은 땅'
세계에서 가장 비옥하다고 알려졌으며 양분이
풍부한 토양

키이우 ◆

러시아가 장악한
'검은 땅' 비중

36%

우크라이나와 러시아의 밀에 의존하는 주요 국가
수입 중 우크라이나 밀과 러시아 밀이 차지하는 비중(단위 : %)

■ 우크라이나   ■ 러시아

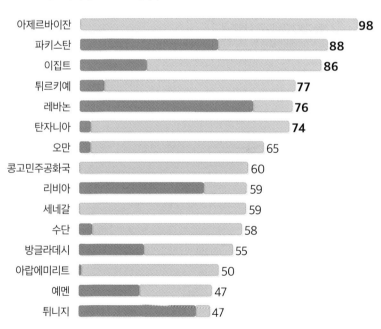

국가	비중
아제르바이잔	98
파키스탄	88
이집트	86
튀르키예	77
레바논	76
탄자니아	74
오만	65
콩고민주공화국	60
리비아	59
세네갈	59
수단	58
방글라데시	55
아랍에미리트	50
예멘	47
튀니지	47

출처 : 미국 농무부 ; 경제복합성관측소 ; VesselsValue ; 미국 전쟁연구소 ; @War_Mapper ;
Liveuamap.com ; 무력분쟁·사건 분석 프로젝트 ; Latifundist.com ; 세계식량기구 ;《르몽드》

《르몽드》 인포그래픽 부서 소개

델핀 파팽

2008년부터 《르몽드》에 근무.

2016년부터 **인포그래픽 부서 팀장** 역임. 파리8대학 소속 프랑스지정학학교(IFS)에서 지정학 박사학위를 받았다. 아렌 출판사에서 《국경선 아틀라스》(2021)를 출간했다. 지정학 전문지인 《에로도트(Hérodote)》 편집위원이기도 하며 파리정치학교에서 강의를 한 바 있다. 제29회 말로피에 국제 인포그래픽 어워드 'Planned Coverage' 부분에서 금메달을 받았다.

프랑크 테타르

파리8대학 소속 **프랑스지정학학교에서 지정학 박사학위**를 받았다. 러시아 전문 교원이며 프랑스의 유명 텔레비전 프로그램인 <지도의 뒷면(Le Dessous des cartes)>에서 초창기부터 작가로 일하고 있다. 잡지 《카르토(Carto)》 기획에도 참여했다.

그제마르탱 라보르드

2017년부터 근무.

지도 전문기자. 지리정보학 전공. 제29회 말로피에 국제 인포그래픽 어워드 'Planned Coverage' 부분에서 금메달을 받았다. 아틀라스 오브 디자인상 두 차례 수상(2018년과 2022년). 아렌 출판사에서 출간된 《국경선 아틀라스》(2021)와 《프랑스가 가진 뜻밖의 부 아틀라스》(2018)에서 지도를 담당했다.

빅토르 로셰

2022년 근무.

일러스트레이터 인턴. 에티엔학교에서 교육 및 과학 목적의 일러스트레이션 전공.

플로리안 피카르

2017년부터 근무.

지도 전문기자. 지리정보학 전공.

루이즈 알랭

2022년 근무.

지도 전문기자 인턴. 지리정보학 전공.

벤자맹 마르티네즈

2021년부터 근무.

기자. 스트라스부르언론학교 졸업. 경제 분야 담당.

실비 지튀스

1995년부터 근무.

지도 전문기자. 지리정보학 전공. 환경 문제 및 프랑스 선거구의 지리적 분포 문제 담당.

마틸드 코스틸

2014년부터 근무.

지리 전문기자. 파리8대학 소속 프랑스지정학학교에서 지정학 박사학위를 받았다. 환경 문제와 프랑스 정치 문제 담당.

플라비 올갱게르

2011년부터 근무.

기자. 인포그래픽 부서 부팀장. 국제 문제 담당. 파리8대학 소속 프랑스지정학학교에서 지정학 박사학위를 받았다. 아렌 출판사에서 출간한 《글로벌 아틀라스》(2014)의 지도 공동 저자.

프란체스카 파토리

2012년부터 근무.

기자. 볼로냐대학교와 파리정치학교를 나왔다. 제29회 말로피에 국제 인포그래픽 어워드 'Planned Coverage' 부분에서 금메달을 받았다. 아렌 출판사에서 출간한 《국경선 아틀라스》 (2021)의 지도 공동 저자.

리카르도 프라베토니

2018년부터 근무.

지도 전문기자. 볼로냐대학교 졸업. 《물의 지정학 아틀라스》(외플리 출판사)와 《불법 거래의 세계 아틀라스》 (인터폴-국제연합)의 공동 저자.

빅토르 시모네

2020년부터 근무.

지도 전문기자. 지리정보학 전공.

오드레 라가데크

2017년부터 근무.

일러스트레이터 전문기자. 과학 담당. 에티엔학교에서 교육 및 과학 목적의 일러스트레이션을 전공했다. 제29회 말로피에 국제 인포그래픽 어워드 'Planned Coverage' 부분에서 금메달을 받았다.

뤼시 뤼브리스

2021~2022년 근무.

지도 제작 관련 조사 담당. 파리8대학 소속 프랑스지정학학교를 졸업했다.

필리프 다 실바

2002년부터 근무.

인포그래픽 전문기자. 메디아그라프 졸업. 기자양성센터 과정 이수.

베로니크 말레코

2010년부터 근무.

지도 전문기자. 부팀장. 지리정보학 전공. 요트 대회 전문기자.

외제니 뒤마

2009년부터 근무.

지도 전문기자. 통계 담당. 지리정보학 전공. 프랑스 국립과학연구원(CNRS)에서 지도 제작자로 일하다가 10년 동안 프리랜서로 활동했으며 이후 《르몽드》에 입사했다.

마리안 파스키에

1989년부터 근무.

인포그래픽 전문기자이자 일러스트레이터. 사진제판, 타이포그래피, 조판 등 인쇄술 전공.

에리크 데디에

2000년부터 근무.

기자, 웹 개발자. 디지털 콘셉트 담당.

《르몽드》의 기자 및 기고가

프란체스카 파토리 Francesca Fattori
제롬 고트레 Jérôme Gautheret
세실 에니옹 Cécile Hennion
실비 코프만 Sylvie Kauffmann
이자벨 망드로 Isabelle Mandraud
피오트르 스몰라르 Piotr Smolar
프랑크 테타르 Frank Tétart
엘리즈 뱅상 Élise Vincent
브누아 비트킨 Benoît Vitkine
토마 비데르 Thomas Wieder
마지드 제루키 Madjid Zerrouky

본문 및 지도 설명 감수 프랑크 테타르